New Life

New Life

暗示效應

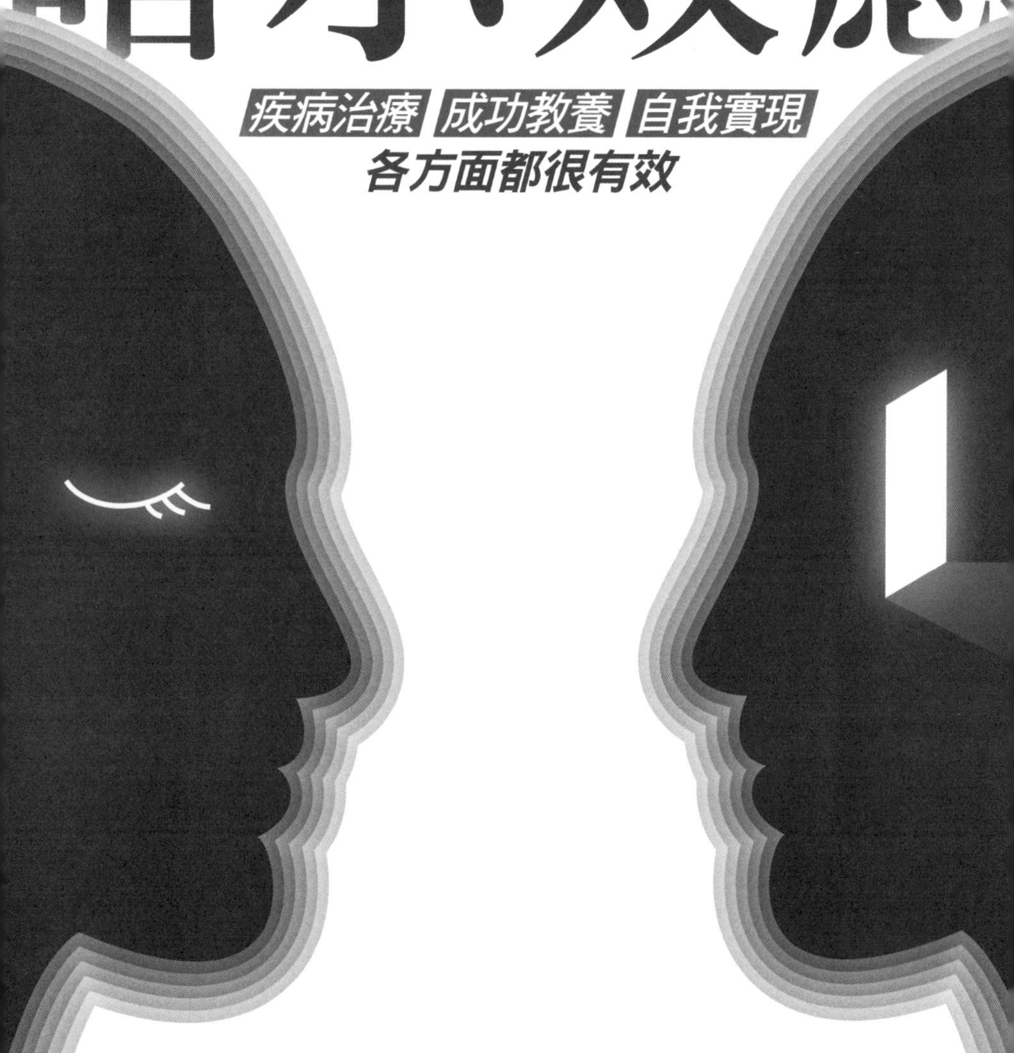

疾病治療 成功教養 自我實現

各方面都很有效

Self-Mastery Through Conscious Autosuggestion

愛彌爾・庫埃（Émile Coué）／著　陳昭如／譯

暗示效應

New Life 24 疾病治療、成功教養、自我實現各方面都很有效（發行百年紀念版）

原著書名 Self-Mastery Through Conscious Autosuggestion
作　　者 愛彌爾・庫埃（Émile Coué）
譯　　者 陳昭如
封面設計 Elsa Lin
美術編輯 李緹瀅
主　　編 劉信宏
總 編 輯 林許文二

出　　版 柿子文化事業有限公司
地　　址 11677臺北市羅斯福路五段158號2樓
業務專線 （02）89314903#15
讀者專線 （02）89314903#9
傳　　真 （02）29319207
郵撥帳號 19822651柿子文化事業有限公司
投稿信箱 editor@persimmonbooks.com.tw
服務信箱 service@persimmonbooks.com.tw

初版一刷 2016年11月
二版一刷 2022年05月
定　　價 新臺幣299元
I S B N 978-986-5496-79-1

業務行政 鄭淑娟、陳顯中

歡迎走進柿子文化網 http://persimmonbooks.com.tw

搜尋 60秒看新世界

～柿子在秋天火紅 文化在書中成熟～

國家圖書館出版品預行編目(CIP)資料

暗示效應：疾病治療、成功教養、自我實現各方面都很有效（發行百年紀念版）/愛彌爾.庫埃(Émile Coué)著；陳昭如譯. -- 二版. -- 臺北市：柿子文化事業有限公司, 2022.05
面；　公分. -- (new life ; 24)
譯自：Self mastery through conscious autosuggestion
ISBN 978-986-5496-79-1(平裝)

1.CST: 暗示

175.8　　111005505

國內外人士的一致推薦

邁向成功與幸福之路，你只要做對一件事——相信並且每一天都運用書中不斷教導的「咒語」祝福自己：「每一天，每一天，我在健康、財富都會越來越好。」

——宇色老師（身心靈暢銷書作家）

在我教導「心想事成」的祕法中，首要一個關鍵，就是要常告訴自己所有事都能順心如意，那麼好運自然不請自來。

我的許多學生在面對生命時，常把玉帛錯看成刀劍，好處錯看成衝突，然而「你」其實可以過得很好命，只要你願意看見自己順流的一面，這當然需要多多練習這本「自我暗示」書，一步步累積成習慣，那麼心想就自然事成吻！

——安一心老師（華人網路心靈電台共同創辦人）

這是一本傳統催眠臨床應用的好書，讓我看到古典催眠的樣貌。

——蔡東杰醫師（華人艾瑞克森催眠治療學會創會理事長、高雄養全診所院長）

我非常尊敬庫埃先生，他的理論給了我很多意想不到的靈感。雖然我經常參加學術講座，但走在大馬路上，卻很少人知道佛洛伊德是誰，相反的，幾乎沒有人不知道庫埃博士，他可是有相當高的人氣呢……他是心理暗示法的宣導者，也是安慰劑效應的發現者。數以萬計的人，因他的暗示方法而改變了人生。

——西格蒙德・佛洛伊德（心理學大師，精神分析學派創始人，開創了潛意識研究的新領域）

查理斯・哈尼爾先生和奧里森・馬登先生的成功學直接啟發了我對致富之路的思考，讓我擺脫了靠體力餬口的苦難日子，走向了自己的成功人生。戴爾・卡內基的成功學訓練課程，則讓很多人實現了人生的突破。然而，我不禁思考：這些成功背後是否有一個更高的法則？直到我遇上了愛彌爾・庫埃才找到答案：心理暗示與自我暗示的連鎖反應。庫埃先生把所有成功背後的心理學因素，以十分簡單易懂的語言解釋得一清二楚，無論你是什麼人，來自什麼國家和派別，有什麼樣的信仰，庫埃都能讓你明白一個法則：所有成功的背後，都有堅實的心理學做後盾。

——拿破崙・希爾（全世界最早的現代成功學大師和勵志書作家）

告訴你一個祕密，我的許多成功觀點都來自令人尊敬的庫埃先生……我非常喜歡他那句簡單而富有哲理的話，那就是「每一天，每一天，我在各方面都會更好、更棒、更進步」。

——羅曼．V．皮爾（《態度決定一切》作者）

庫埃博士教會數百萬人相信他們能成為自己想成為的人，並幫助他們改變了自己的身心，過一種積極健康的生活。在這方面，他或許超過我們這時代的許多人。

——羅伯特．舒勒（公眾演說家、勵志大師）

我的老師庫埃博士的發現，不但提升了法國公民的幸福指數，連無數英國公民、美國公民，以及其他很多國家的公民的生活品質，也都因此發生了改變……。

——布魯克斯（著名心理學家）

我希望每位父母都要讀一讀這本書，學會用正確的方法教育子女，指引他們走向一個更美好、更值得回憶的人生。

——森田正馬（森田療法的創始人）

—簡介—

心理暗示之父——愛彌爾・庫埃

愛彌爾・庫埃（Émile Coué de La Châtaigneraie）於一八五七年二月二十六日誕生於法國特魯瓦（Troyes），一九二六年七月二日在法國南錫（Nancy）去世。他是法國的心理學家和化學家，也是一位教育學者和醫生。

基於自我暗示或自我催眠理論，他致力於自我的提升與身心靈的修復療癒，是歐洲心理暗示研究的集大成者，創立了羅倫應用心理學院、庫埃心理暗示實踐學會、南錫催眠學院，被人們尊崇為「心理暗示之父」。他所提出的心理暗示及自我暗示方法，在二十世紀二〇年代的英國和美國廣為流行。

庫埃在十五歲時進入中學讀書，十九歲時，他成了一家藥店的學徒，之後到巴黎學習藥理學專業，於一八八二年回到家鄉成為一名藥劑師，並在業餘時研究心理學。

一八八五年，庫埃跟隨昂布魯瓦茲-奧古斯特・李厄保（Ambroise-Auguste Liébeault）[1]以及希波萊特・伯恩海姆（Hippolyte Bernheim）學習催眠術，之後經不斷實踐，並開始研

1 昂布魯瓦茲-奧古斯特・李厄保（一八二三至一九〇四年），法國醫師，現代催眠療法之父，心理治療南錫學派（l'École de Nancy）創始者。希波萊特・伯恩海姆（一八三七至一九一九年），南錫醫學院教授，其觀點支持李厄保醫師的研究。

究暗示與自我暗示，最終形成了一套屬於自己的暗示與自我暗示法，被稱為「新南錫學派」（為了與其老師的「舊南錫學派」做區分）。

一九一〇年，他在法國南錫開辦了一家治療診所，並開始進行大膽的試驗，即在患者清醒的狀態下，透過自我暗示為其治療疾病，最後獲得成功。後來庫埃將這方法應用在其他病人身上，成功治癒了數以萬計的患者，締造「南錫奇蹟」。

一九一三年，庫埃與妻子創辦洛林應用心理學協會。之後，他的書《暗示療法的奇蹟》一九二〇年於英國出版（美國版則是一九二二年）。自此，愛彌爾・庫埃的自我暗示法在歐美受到熱烈的歡迎與推崇。

從蒸餾水到「治療的思想」

曾有記者問庫埃是否不認為自己是醫者，他回說：「我從來沒有在我的生命歷程裡治癒過任何人。我所能做的，就是告訴人們，他們如何做就能治好自己。」

不同於一般的觀念，愛彌爾・庫埃的自我暗示法是透過內心強大的心理暗示，來解決現實中的問題和麻煩，是一種不依賴外力、外物的自我「修復」方式。

此方法的啟蒙，在於一次治療一名患者時，庫埃發現手頭已經沒有藥了，便拿了一瓶蒸餾水給那名患者，並表示只要喝下這瓶「藥水」，他的病就能痊癒。後來，這名患者果真恢復了健康。之後，庫埃又用麵糰做藥片，也治好了很多病症，他因此而意識到自我暗示的力量。

庫埃並未反對藥物的效果，但他也認為，人們的精神狀態能影響、甚至擴大藥物的作用。透過使用自我暗示，他觀察到，病人可以產生一種新的「治療的思想」，來代替「疾病的思想」，進而更有效地治癒自己。據此，他用整個後半生來研究自我暗示，並強調：**如果你真的相信自己能好轉，則好轉的機會就會加大**。

庫埃認為，重複的文字或圖像若能達到一定時間，便足以吸收人們的潛意識。而人們便可以透過這種自我的心理暗示來治療疾病，這個方法便是運用想像或「積極自我暗示」，以自己力量所達到的結果。

好用的依賴原則

庫埃的自我暗示方法其實就是一種「依賴的原則」，也就是當任何想法完全佔據心靈時，它就會變成具體可行的事實。不過，這個「想法」必須是可能做到的程度，例如：沒有雙手的人並無法使雙手重新長出來；然而，如果一個人堅信他的病痛正在消失，只要使身體能夠在物理上克服或控制病情，那麼在實際上是有可能發生的。另一方面，人一旦產生對病情有不好的思維（如我身體不舒服），就會鼓勵身心接受這樣的想法；同樣的，當有人不記得對方的名字時，他們心中可能就是守著一個想法：我不記得了。

庫埃因此明白，只要能更專注於想像和期望（即「我覺得健康和充滿活力」和「我能清楚地記得」），便能獲得積極的成果。

意志力是自我暗示的障礙

庫埃觀察到，自我暗示的主要障礙來自於意志力。在庫埃療法的運作原則中，患者必須做獨立的判斷，這表示他必須避免讓意志強加主張自己的看法。一切都必須這樣做，才能確保自我暗示的想法能被患者自覺性地接受；否則，最終可能得到與期望相反的結果。

比方說，當學生在考試中忘了一道題目的答案時，心裡若覺得「我已經忘記答案了」，那麼他越是試圖要想起來，答案就會越來越模糊。相反的，只要將這種消極思想換成積極的「不用擔心，它會回到我身邊」，記起答案的機會就會增加。

庫埃指出，年幼的孩子總是能完美應用他的方法，因為他們很少具備像成年人那樣的意志力。所以，當他指示一個孩子說：「緊握你的手，而你無法打開它。」往往那孩子就會因此緊握著手，無法張開手掌。

自我矛盾導致問題加劇

當一位患者的意志力和想像力（或精神上的想法）彼此相對立時，他的疾病問題就有可能加劇，庫埃將之稱為「自我矛盾」，以前述學生考試的例子來說，他的意志明顯與他的期盼不符，以致他無法記起答案。

隨著衝突的加劇，問題將更加無解：病人越是試圖入睡，卻變得越來越清醒；患者嘗試戒菸，卻反而越抽越多。因此，患者必須放棄他的意志力，而應把更多的精力放在想像力上，他才有成功治癒的機會。

自我暗示的最佳運用

運用自我暗示的目的，旨在補充藥物的功效，但沒有任何藥物能夠在庫埃治療時解救抑鬱或緊張患者於苦痛之中。庫埃常建議患者，同時採取藥物治療與即將被徹底治癒的信心，這對治療病痛來說是最好的。相對的，他也主張，患者如果對藥物持懷疑態度，則治癒效果將是最差的。

- 每個想法，在我們心中都是有可能實現的。因此，治癒的想法可以產生療效。
- 我們的潛意識或是想像力，是我們自我的隱藏部分，決定著我們的身體和精神狀態。它實際上比我們的自覺與自願更強大，它完全包圍、主導著我們的身體和我們道德生命的全部功能。因此，只要想像力和意志發生衝突，想像力始終是最後的獲勝者。
- 想像會需要協同工作：當意志與想像一致時，他們的力量是相乘的。
- 想像力可以透過有條不紊的自我暗示方式來進行。

Chapter 1

以有意識的自我暗示來掌握自己

與其跟自己拚了，不如導引想像力

你用意志來強迫自己入睡，卻更加睡不著；
你努力地想記起某個忘記的名字，
但就是想不起來；
你拚命想控制自己別笑，
反而一下子就爆笑出聲……
意志無法使你前進——如果你想像自己做不到，
就絕對做不到。

暗示，或者更確切地說，自我暗示，是個相當新穎的議題。不過，它同時也是個古老的觀念。

說它新穎，是因為時至今日，它一直被錯誤地研究，因而導致許多錯誤的理解；說它古老，是因為它的存在可追溯至人類初出現在地球時。自我暗示其實是一種與生俱來的能力，更明確地說，它是一種奇妙又無法估計的力量，而且會根據不同狀況引導出最好或最壞的結果。了解這種力量對每個人都有好處，對醫師、高階管理者、律師和從事教育工作的人來說，更是不可或缺。

只要了解如何有意識地運用自我暗示，首先便可避免激發別人產生可能導致嚴重後果的不良自我暗示；再者，如果能有意識地激發良好的自我暗示，即可使病人恢復健康，讓精神狀態不穩定、行為偏差，或是曾經受到自我暗示影響的受害者等，恢復心理健康，甚至還能引導有誤入歧途傾向的人回到正軌。

我們身上有兩個自我

要正確了解自我暗示，就必須知道我們身上存在著兩個截然不同的自我。

這兩種自我都是有智能的，只是一個是有意識的，另一個則是無意識的。通常，無意識自我的存在是被忽略的，但只要用點心思檢視某些特定現象，很容易地就能證明無意識自我的存在。

讓我們看看下面兩個例子：

在夢遊中完成任務

大家都聽說過夢遊，也都知道夢遊者會在晚上起來——事實上卻沒有醒來。起床後，不論有沒有穿好衣服，他都會離開房間，做出某些行為或完成某些工作，然後再回房上床睡覺。第二天，當他發現自己前一天沒做完的事已經完成時，還會露出驚訝萬分的表情。

他完全沒有意識到自己把事情做完了！除了無意識的力量（事實上，就是他的無意識自我），他的身體還會聽命於什麼力量呢？

醉漢的瘋狂攻擊

現在，讓我們檢視一下有酒精戒斷症候群[2]醉漢所發生的常見案例。一名

[2] 酒精戒斷症候群（Delirium tremens）通常在停止喝酒後十二至四十八小時中發生，輕則顫抖、虛弱、盜汗、胃腸不適，重則出現幻想、焦慮、意識混亂及失眠。

醉漢發狂似的用身邊所拿得到的武器，如刀子、鐵鎚或斧頭，瘋狂攻擊不幸正好在他周遭的人。一旦攻擊結束，人也清醒恢復理智後，他會驚恐地看著四周的屠殺現場，完全無法理解這一切都是他做出來的。難道這不是這個可憐人的無意識自我，讓他做出這樣的事來嗎？[3]

比較一下有意識自我和無意識自我，就會發現有意識自我所擁有的記憶經常很不可靠，反而是無意識自我擁有奇妙且毫無瑕疵的記憶，在我們不知情的狀況下，記錄了生命中極為細微的瑣事與極不重要的行為。

此外，無意識自我會毫不懷疑、順從地接受被告知的事。由於身體器官的運作是被無意識自我所控制，而不是透過大腦作為中介，因此會產生一個對你而言是矛盾的結果，那就是：如果無意識自我相信某個器官的功能正常或不正常，或讓我們感覺出現了某種狀況，那麼，器官的功能就真的會出現正常、不正常或是所感覺到的狀況。

■無意識自我不僅掌控了身體器官的功能，也控制了我們所有的行為——這就是我們所說的「想像力」（Imagination）。

3 我們每個人在各自的領域，都是因為沒有「立即」發揮「良好、有意識的自我暗示」，去對抗「惡劣、無意識的自我暗示」，以避免所有不必要的痛苦，才會給自己製造出這麼多問題，這是多麼令人討厭又麻煩的事啊！

■當無意識與意志（Will）這兩股力量產生衝突時，我們最後通常會做出與意志相反的行為。

意志總是輸給想像力

如果翻開字典查「意志」這個字，會找到這樣的定義：「自己決定做出特定行為的能力。」一般人多半都會接受這個定義，並認為它無懈可擊，但事實上，這個定義根本就錯得離譜。

■我們引以為傲的意志其實總會對想像力讓步——這是鐵錚錚的事實，而且毫無例外。

你或許會驚訝地說：「這真是胡說八道！自相矛盾！」但我會說：「完全不是！而且這是百分之百的事實。」

為了讓自己信服，請你睜大眼睛看看四周，試著理解眼前所看到的世界。

我相信你會得到一個結論：我所告訴你的，既不是空泛的理論，也不是腦殘的妄想，只是把事實簡單地表達出來罷了。

假設我們在地上放一塊木板，長約九公尺，寬約三十公分。很明顯的，任何人都能從木板的這一端走到另一端，不會踩到木板外面去；然而，如果這塊木板是放在教堂塔樓那麼高的地方，我想，就算只需要走個兩、三公尺，又有幾人能走在這塊狹窄的木板上？我相信沒走上兩步你就會開始顫抖了，而且不論你的意志有多麼努力，最後你一定會掉落到地面上。

為什麼木板放在地面時，你不會跌倒，一旦把它抬高到上面，你就會掉下來？很簡單，因為在第一種情況下，你認為走到木板的盡頭很容易，但在第二種情況下，你會想像自己做不到。

■請注意，意志無法使你前進——如果你想像自己做不到，就絕對做不到。

磚瓦匠和木匠之所以能夠完成這種壯舉，只因為他們自認為做得到。在高空上會有眩暈感，是因為我們想像自己快要摔下去的感覺所致。不論我們的意志有多麼努力地想克服，這種想像就是會變成事實，而且越是努力，不想要的結果就會越快實現。讓我們來看看失眠者的情況：如果他不做任何努力地去睡覺，就可以靜靜地躺在床上；反之，如果他用意志來強迫自己入睡，只怕他越努力，就會越睡不著。

你有沒有注意到，如果你越努力地想記起某個忘記的名字，就越想不起來，直到你把「我馬上就會想起來」的念頭改成「我已經忘記了」，這個名字就會毫不費力地浮現。

會騎腳踏車的人，請回想一下當初是怎麼學會的？你緊抓著把手向前騎，很怕自己會倒下來。突然路中間出現一個小小的障礙，你想繞過它，但越是想避開它，就越可能會撞個正著。

誰沒有控制不住突然想笑的經驗？在當下，你越是想控制自己別笑，反而越容易爆笑出聲。

每個人在前述這幾種情況下的心理狀態是什麼？

「我**不想**摔下來，但是我**控制不住**。」

「我**想**睡覺，但是**做不到**。」

「我想記起某某女士的名字，但是**做不到**。」

「我**想**繞過那個障礙，但是**做不到**。」

「我**想**止住不笑，但是**做不到**。」

正如你所見的，在每種衝突的狀況裡，想像永遠勝過意志，毫無例外。想法（ideas）的力量亦然，如果將帥帶頭往前衝，其他人就會跟隨在後；若他高喊「各人自己顧自己！」肯定就會打敗仗。為什麼？因為在前者中，士兵想像必須向前衝，但在後者裡，他們想像已經打敗了，必須各自逃生。

潘訥智（Panurge）[4]非常明白想像力如何引發行動的傳染力。他為了報復同船的商人，於是買下對方最大的一隻羊，然後丟到海裡。當然，他事前就知道其他羊也會跟著跳下海，而事實也真是如此。

人類跟羊有些類似。我們想像自己無法跟別人不同，因此會不知不覺、無法抗拒地模仿其他人的行為。我可以舉出一千個以上的例子，但又怕太多的舉例會讓你覺得無趣，但我無法不去提「想像力擁有極巨大力量」這個事實——換句話說，無意識對抗意志的力量就是這麼的強大。

有些酗酒者很想戒酒卻做不到，如果你問他們，他們會很誠懇地說，他們

4 潘訥智是十六世紀法國作家拉伯雷（François Rabelais）《巨人傳》中的人物，他向同船的牧羊人買了一隻羊卻覺得價格太貴，為了報復，他把羊丟下海，結果牧羊人其他的羊也跟著跳下了海。

很想保持清醒，而且很討厭喝酒。然而，他們雖然了解喝酒對自己有害，卻還是抗拒不了違反意志去喝酒的驅力。

同樣的，有些罪犯會不由自主地犯罪，每當被問到為何這麼做時，他們的回答是：「我控制不了自己。有什麼東西在驅使我，而它比我更強。」

他們說的全是真心話，他們是被迫那麼做的。原因很簡單，因為他們想像自己無法阻止自己那麼做。

■我們這些以意志為傲、相信可以依照個人意願自由行動的人，實際上不過是可憐的、被自己想像力操控的傀儡。

■只有學會引導自己的想像力，我們才有可能擺脫成為傀儡的枷鎖。

為想像力套上轡頭

根據前面的分析，我們可以把想像力比喻為激流，這股激流似乎是擋不住的，它會將掉落下去的可憐人沖走而喪生，不管他怎麼奮力地想游到岸邊，最終都將失敗。然而，只要你知道方法，就可以改變激流行進的方向，將它導引至工廠，並轉化為成動力、熱能和電力。

如果這個比喻還不夠的話，我們可以把想像力——也被稱為「家裡的瘋子」——比喻成一匹未經馴服的馬，牠既沒有轡頭，也沒有韁繩，騎士除了被馬隨意帶著走，還能怎麼辦？如果馬跑掉了，騎士的驚險旅程通常只能結束在溝渠裡。相反的，如果騎士能把轡頭套在馬上，彼此的角色就對調了——馬再也不能任意而行，而是騎士控制了馬，讓牠前往任何騎士想去的地方。

暗示與自我暗示

現在我們已經了解了無意識或想像的巨大力量，接著我要來說明，這至今為止被認為無法控制的自我，如何能像激流或野馬那樣被輕易地控制。不過，在進一步說明之前，我們必須詳細定義兩個經常被使用、但沒有被正確理解的字眼——暗示與自我暗示。

什麼是暗示？它可以被定義為：「把想法灌輸到其他人腦海裡的行為。」這種行為真的存在嗎？嚴格來說並沒有。暗示並不是單獨存在的，它必須能滿足某種必要條件：自行轉化為行為主體的自我暗示——它無法單獨存在。至於自我暗示，則可以被定義為：「將想法深植於自己的腦海中。」

■你可以對某個人進行暗示，但如果對方的無意識不接受、也不徹底理解，並同時將這個暗示轉化為自我暗示的話，就不會產生效果。

我偶爾會對順從的人做些普通的暗示，但都不太成功，原因在於他們的無意識拒絕接受、且無法將這樣的暗示轉化為自我暗示。

用自我暗示引導想像力

我們可以控制並引導想像力，就像激流或野馬可以被控制那樣。在這之前，你得先明白「這是有可能的」，但幾乎每個人都忽略了這個事實；接著，就是要知道可以用什麼方法做到。方法其實很簡單，而且打從出生以來，我們每天都不知不覺、毫無自覺地在使用這個方法——可惜的是，我們經常錯誤地使用了它，結果反而對自己造成傷害。

好了，這個方法就是——自我暗示。雖然我們不斷為自己提供無意識的自我暗示，但在做法上仍是有意識的。這個過程如下：

首先，仔細評估作為自我暗示的目標，並根據目標所需要的答案為「是」或「否」，然後心無旁騖地重複數次：「這種情況要開始了」或「這種狀況要消失了」；「這種情況即將發生，或是不會發生」……。[5] 如果無意識接受了這個暗示，並且將它轉化為自我暗示，情況就會根據暗示而成為事實。

由此觀之，自我暗示不過就是催眠，所以我給自我暗示簡單地下了個定義：「想像力對於人類心理及生理的影響。」這種影響是無庸置疑的。

如果你說服自己可以做某件事，只要它是可能做到的，則不論有多麼困難，你都會去做。反之，若你想像自己連全世界最簡單的事都做不到，那就不可能做得到——就算只是個小土丘，在你眼中，都將是攀越不了的高山。

神經衰弱的人就是如此。他們自認為沒有能力做任何事，經常只要走幾步路就覺得筋疲力盡，而且越是努力想擺脫憂鬱，病況反而越加嚴重，就跟陷入流沙的可憐人一樣，掙扎得越厲害，反而陷得越深。

同樣的，如果想像疼痛正在消失，那麼疼痛的感覺就真的會逐漸減輕；反

[5] 當然，我們必須有能力影響這些情況。

之，只要一想到疼痛的感覺，就會立刻開始疼痛起來。我知道有些人會事前聲稱，他們在某一天、某種特定的情況下，一定會頭痛。然後，到了那一天，在那種情況下，他們就真的頭痛了。

■病痛是自己造成的，就像有人能用有意識的自我暗示來治療自己的病痛。

很多疾病都是想像出來的

我知道，當有人膽敢提出一般不常見的觀念時，大家都會把他當成瘋子般看待。好吧，就算有被視為瘋子的風險，但我還是認為，如果有人在心理或生理上產生疾病，那是因為他們想像自己在心理或生理上有病：如果有人癱瘓，卻找不到任何相關病因，那是因為他們想像自己癱瘓了。而最不尋常的治療方法，往往就在治療這種人時才會出現。如果有人覺得快樂或是不快樂，那是因為他們想像自己就是如此。因此，兩個處於完全相同情況下的人，很可能其中一人很快樂，另一人則非常不快樂。

神經衰弱、口吃、厭惡、偷竊癖及某些癱瘓案例，都只是無意識自我暗示的結果——這些都是因為無意識的運作，進而影響生理及精神狀態的結果。

修復無意識引起的病痛

既然無意識是許多病痛的來源，那它也能為許多疾病提供治療方法。

■無意識不僅能修復由它所引起的毛病，還可以治療真正的疾病，對身體機能有非常大的影響。

請把自己關在房間，坐在扶手椅上，閉上眼睛以免分心。接著，集中心思片刻，想著「這個情況或那個情況將要消失」或是「這個情況或那個情況即將應驗」。如果你真的做了這樣的自我暗示——也就是說，如果無意識接受了你傳遞給它的想法，你會驚訝地發現，你所想的事情果真就應驗了（注意，自我暗示所產生的想法的特質是：我們察覺不到這些想法的存在，只能從它們產生的效應得知）。

不要受意志影響

在這當中，有一點很重要，運用自我暗示時，絕對不能被意志影響。因為，當意志跟想像力不一致時，例如你想的是：「我想要這樣，而這個情況一定會實現。」但想像力卻說：「你想要這樣，但這個情況不會發生。」那麼，你不僅得不到想要的結果，甚至最後實現的會是完全相反的情況。

這點非常重要，它可以解釋為什麼在治療精神缺陷時，如果把重點放在意志的再教育上，效果並不令人滿意——訓練想像才是最重要的。由於這樣的差異，我的做法經常成功，而其他人（不是少數）往往會失敗。

根據二十多年來每天進行、經仔細檢視無數次實驗的結果，我把結論總結為以下幾個原則：

- 當意志跟想像力對立時，永遠都是想像得勝，毫無例外。
- 當意志跟想像力衝突時，想像力的力道與意志的平方成正比[6]。
- 當意志跟想像力一致時，效應不是相加，而是相乘[6]。
- 想像力是可以被引導的。

6 「跟意志的平方成正比」和「相乘」這樣的說法並不十分精確，用它們只是為了簡單地將我的意思表達得更清楚。

沒有人應該生病

按照前面的說法，沒有人應該生病！這是正確的。

■**每一種疾病，不管它是什麼，都有可能屈服於自我暗示。**

我的這種說法似乎既大膽又未必可能，但我沒有說一定會屈服，而是可能屈服，這兩者是有差別的。

引導人們進行有意識的自我暗示時，必須教導他們進行的方法，就如同教導人們如何閱讀、書寫或彈鋼琴一樣。自我暗示是與生俱來的能力，我們一輩子都在不自覺中使用它，但它同時具有危險性，如果不夠謹慎且無意識地使用，就有可能造成傷害，甚至致人於死地。反之，如果**知道如何有意識地使用自我暗示，它便可以救你一命。**我們可以把自我暗示視為「世界上最好、也是最壞的事物」，就像伊索（Aesop）[7]形容舌頭那樣。

7《伊索寓言》的〈舌頭宴〉裡有句話說：「最好的東西是舌頭，最壞的東西也是舌頭。」

這是百分之百的事實。

Chapter2

激發孩子的良好自我暗示

影響孩子一生的想像力導引

孩子特別容易接受別人的良好暗示，
並將其轉化為自我暗示，進而影響他的一生。

雖然這麼說好像有點矛盾，不過，孩子的教育應該在他出生之前就要開始進行了。

教育從出生之前就開始

現在，我要在這裡告訴各位一個絕對沒有誇大的真相，這件事其實是這樣子的：

當一名女性懷孕幾週後，在心裡形塑這個即將被帶到世上的孩子的模樣、性別，以及希望他有怎樣的體格與個性等等。

接著，如果她在妊娠期能夠持續地將這個心理圖像銘記在心，那麼，出生後的孩子果真就會具備她所想要的樣貌與特質。

斯巴達婦女所生的小孩都很強壯，長大之後成為令人敬畏的戰士，這是因為她們都強烈渴望將這樣的英雄奉獻給國家。

至於雅典的母親們，她們多會擁有智力卓越的孩子，而他們的智能往往會遠超過體能。

這樣的孩子特別容易接受別人的良好暗示，並將其轉化為自我暗示，進而影響他的一生。

■ 我們所說的話、所做的行為，都只是自我暗示的結果。

而且在多數的情況下，許多事件都是暗示的例子，或是透過言語暗示所造成的結果。

給孩子好的教育暗示

那麼，父母及受託教育孩子的人該如何避免造成孩子的不良自我暗示，並激發其良好的自我暗示呢？

■ 與小孩互動的時候，請永遠保持平和的情緒，並且要用溫和但堅定的語氣對孩子說話。

透過這種方式，孩子會十分順從，絕對不會產生反抗權威的念頭。最重要的是，要**避免苛刻與殘酷的態度**，因為那會產生一種風險，讓孩子的自我暗示受到殘忍與仇恨的影響。

■要避免在孩子面前說別人的壞話。

我常見到的情況是，經常有人（不是故意）在診所的休息室裡，把不在場的護士批評得一無是處。這種極具破壞性的行為難免會被孩子模仿，導致日後產生真正嚴重的問題。

啟發孩子的求知欲

要啟發孩子想要了解事物的道理、熱愛自然的渴望，請使用愉快溫和的口吻清楚解答各種疑問，努力引起他們的興趣。

你必須以和藹可親的態度回答問題，而不是說這種話來制止他們：「你很煩耶，不要吵了，以後你就懂了！」

讓孩子有更好的表現

千萬別對孩子說：「你是個一無是處的懶鬼。」那會讓他真的產生出你所指控的這些缺點。

如果孩子真的很懶或表現不佳，你應該找一天對他說（即使不是事實）：「你這次表現得比平常更好，很不錯。」這個孩子會因為罕見的稱讚而感到欣喜，下次一定會表現得更好。透過這種明智的激勵，會讓他在未來成為成功的工作者。

避免在孩子面前討論病情

這是一個絕對要注意的重點，因為這會引發他不良的自我暗示。反之，應該要教他們：健康是人類的正常狀態，疾病則是例外，是一種反常的現象，而過著節制、有規律的生活，就可避免生病。

避免讓孩子怕東怕西

請不要在日常生活中教孩子怕東怕西、怕冷或怕熱、怕風或怕雨……，這將會造成他們性格上的弱點。事實上，人類天生本就可以忍受這類變化而不會受到傷害。

因此，要忍耐、適應，不要抱怨。

避開恐怖故事

不要讓孩子心裡充滿鬼怪和狼人的故事，這會讓他們變得膽怯。因為童年造成的怯懦個性，可能會延續一輩子。

慎選教育者

無法親自教養子女的人，必須謹慎決定該把這個責任交付給誰。光是愛孩子是不夠的，他們必須具備你所希望擁有的特質。

喚起孩子熱情的說明方式

請以審慎而愉悅的方式解釋事情，才能喚起孩子對工作與學習的熱情。你在解釋時可以使用有趣的故事，這會讓他們渴望聽下去。

牢記工作的必要

最重要的是，必須使孩子牢牢記住：工作是必要的。不工作（無論是哪種工作）的人既無價值，又沒有用——任何工作都能讓人得到健康，並獲得深刻的滿足。

游手好閒——有些人喜歡，也渴望如此——會讓人疲倦、神經衰弱、厭惡人生。那些因游手好閒而無法滿足，進而產生欲望的人，終究會走向道德敗壞，甚至是犯罪之路。

學習尊重

教導孩子對所有人，特別是出身比自己低的人一定要有禮貌、友善。要尊敬長者，絕不可嘲笑他們生理或精神上的缺陷。

付出愛心

教導孩子應不分階級地位的去愛每個人。隨時準備幫助需要幫助的人，不要在意花多少時間與金錢去幫助對方。

簡而言之，我們要讓孩子知道，他們必須關切別人勝過關心自己。事實上，這麼做將能讓他們感受到發自內心的滿足，而這是自私自利的人永遠無法企及的。

發展孩子的自信

為了讓孩子有自信，請教導他們在做任何事情前都必須經過理性思考，避免衝動行事。

除此之外，還要堅守仔細思考後所做的決定，除非有新的事實證明原來的想法是錯的。

灌輸「我會成功」的意念

教導他們：每個人從一開始就必須確立「我會成功」的意念。在這個意念影響下，最終一定會成功。

每個人都不該靜靜期待事情的自然發生，而是被這個意念驅使，做出為實現意念所必須做的事。

學習把握機會

教導孩子懂得把握機會，甚至要能夠察覺並抓住那像頭髮或是絲線般細微的機會。

沒有自信的人，就好像康斯坦特・吉納德（Constant Guignard）[8]那樣一事無成，因為所有一切的努力都是枉然。這樣的人即使浸淫於機會之海，就算機會多如阿貝沙隆（Absalom）[9]的頭髮，還是連一根也抓不住，仍舊堅信自己就是失敗的原因。

至於心懷成功的人，常在無意間造就了實現成功的環境。

最重要的是，父母和老師要以身作則，因為孩子非常容易受影響。透過方法來啟發他，他想做的話就會去做。

每天「更進步」

一旦孩子會說話，就讓他們每天早晚重複說二十次：「每一天，每一天，我在各方面都會更好、更棒、更進步。」這樣會產生對生理、精神及健康十分良好的成長氛圍。

8 十九世紀法國作家尚・黎施潘（Jean Richepin，一八四九至一九二六年）短篇小說中的主角。Constant Guignard在法文裡的意思是：「永遠多災多難」。此人終身存善心、行義舉，但命途多舛，每次的善行皆以自己或他人的悲劇收場，最後因為官府昏庸判定他是殺人兇手，而被送上斷頭台。

9 聖經舊約人物，大衛王的第三個兒子，以頭髮既多又長著稱。他反叛大衛王，戰敗後因頭髮被樹枝纏住而被捕遇害。

父母給孩子的床前暗示

你如果照著下面的暗示去做，會對孩子產生極大的好處，可以改掉他的缺點，喚醒他擁有的良好品行。

每一天晚上，當孩子睡著之後，請悄悄走到距離床前約一公尺的地方，小心不要吵醒他。

請就站在那裡，用低而單調的耳語，輕聲的喃喃訴說你對孩子在健康、工作、睡覺、學習、做人……等各方面的期望，如此重複十五至二十次之後，請像適才進房時一樣，小心地退出房間。注意，千萬千萬不要吵醒孩子。

這個過程很簡單，但是效果很好，原因也很容易理解。孩子在睡著的時候，他的身體和有意識自我都在休息中，就好像是不存在似的。

然而另一方面，他的無意識自我其實是醒著的。我們這樣做，是單獨對他的無意識自我在說話，因為無意識自我很容易相信我們所說的話，而且是毫無異議地接受。

因此，孩子會漸漸達到父母希望他做到的事。

老師給學生的早晨暗示

最後一點，我建議每位老師最好在每天早上，能夠用下列的方法對學生進行暗示。

請讓學生閉上眼睛，然後對他們說：

「孩子們，我希望你們待人和善有禮；順從父母和老師，他們給你的指示或告訴你的任何事，都要聽從，不要覺得厭煩；過去你聽他們說什麼都覺得很煩，現在你了解他們是為了你好，才會跟你說那些事，所以，你要感謝對你說那些話的人，不要跟他們作對。

而且，不管是什麼工作，你都會愛上它；上學時，你可以從學習中得到樂趣，尤其是以前不重視的功課。

老師講課時，你會全神貫注地聆聽，不會注意其他同學說了什麼或做了什麼傻事，你自己也不會這麼做。

孩子們，你們都很聰明，如果能夠做到這樣的話，就會很容易了解、並會記住所學的事。它會深深進入你的記憶，隨時供你使用，你需要時就能派得上用場。

你一個人在學校做功課、在家做事或讀書時也要這麼做。你必須專注於正在做的事情上，這樣就會得到很好的成績。」

如果今後你們都能確實按照以上的建議去做，將會教養出擁有最佳體魄與德行的國民。

孩子，你這次表現得比平常更好，
很不錯喔！

Chapter 3

自我暗示的實際步驟

事前實驗、進行治療與成功案例

這是全世界最簡單的事，
每個人只要經過訓練——只要幾分鐘，
都能將有意識的暗示轉化為自我暗示……。

現在我要讓你知道，每個人如何從有意識地利用良好的自我暗示中獲益。我說「每個人」或許有一點誇大，因為有兩種人很難進行有意識的自我暗示：

1 心智尚未開發的人，他們無法理解你在說什麼。

2 不想了解你在說什麼的人。

準備工作——自我暗示初步試驗

這套自我暗示法的原則，可以用幾個字來概括，那就是——不要同時想兩件事。

我的意思就是說，兩種想法可以在心裡並陳，但請不要重疊。

▪ 每一種完全佔據腦海的想法，對我們而言就是正確的，並且可以將這樣的想法轉化為行動。

因此，如果能夠讓生病的人相信情況已經逐漸好轉，他的病痛就會消失；如果成功地讓偷竊狂相信自己不會再偷東西，他就不會再偷了……。

或許對你來說，這樣的訓練不可能成功，但它卻是**全世界最簡單的事**。只要運用一連串正確且漸進的試驗，指導患者如何有意識地思考，就足夠了。除了前面提到那兩種人以外，只要完全依照說明來執行，絕對可以達到理想的結果。這一連串的試驗[10]如下：

第一個試驗

請患者直立站好，將身體繃緊得像鐵棒一樣，雙腳併攏，兩個腳踝有如被鉸鏈銬緊，但仍可自由活動。也就是請患者把自己當成是一塊被鉸鏈銬在地上的木板。

請他注意，任何人從任何方向輕輕推他，都要毫不抵抗地順著推力往下倒。同時告訴他，你會把他的肩膀往後拉，而他必須讓自己向後跌入你的懷裡，不能有絲毫抗拒，他的腳踝則要像鉸鏈般轉動——即腳板要固定在地上。若無法成功辦到，請重複做到成功（或幾乎成功）為止。

10庫埃先生曾說明這套自我暗示法是因為看到羅徹斯特大學的賽基博士（Dr. Sage of Rochester）刊登的函授課程廣告，內容是教人成功經商的方法。他付了三十法郎參加該課程，得到一本小冊子，讀了之後大為欣賞，因而啟發他開始指導人們使用自我催眠法（見一九二二年三月三十一日《紐約時報》第三版）。

第二個試驗

請一開始就向患者說明，為了示範想像力對我們的影響，等一下他必須想著：「我正在向後倒，我正在向後倒……」除此以外，心裡不能有其他念頭。他不可以思考、懷疑自己會不會倒下去，或是擔心如果真的倒下去可能會受傷，也不可以故意向後倒來取悅你。但如果真的感覺到有什麼力量驅使自己向後倒，一定要屈從於那個驅力，不要抗拒。

然後，請患者把頭抬高，閉上眼睛。把你的右拳頭放在他脖子後面，你的左手放在他的前額，對他說：「現在開始想：我正在向後倒，我正在向後倒……」然後說，「你正在向後倒，你……正……在……向……後……倒……」同時，將你的左手往後移，輕輕滑向他的左太陽穴，然後慢慢將你的左手移開到他的耳朵上方，再把你的右拳也移開。

這時，患者立刻會有微微向後傾的感覺，他或許會阻止自己倒下來，也或許會全身直接倒下來。如果是前者，請告訴他，他在抗拒，而且他不只是想到自己正在倒下來，還很擔心要是真的倒下可能會受傷——這是真的，如果他不擔心的話，就會像塊木頭那樣地倒下來。

請你用強迫他服從的口氣，一再重複這個試驗，直到完全（或幾乎完全）成功為止。

操作者應該站在患者後方一點，左腿向前，右腿穩穩跨在身後，以免對方倒下來時被撞倒。如果忽略了這個預防措施，萬一患者很重，最後就有可能兩個人倒在一塊。

第三個試驗

請患者站在你的前方，身體挺直，腳踝保持靈活，雙腳併攏。把你的雙手放在他的太陽穴上，不要施壓。然後，盯著他鼻子上方兩眼中間的位置，不要眨眼，同時要他在心裡想著：「我正在向前倒，我正在向前倒……」然後，請你也一個字、一個字地重複對他說：「你……正……在……向……前……倒……，你……正……在……向……前……倒……」並持續盯著他看。

第四個試驗

請患者緊握雙手，越緊越好，最好緊到手指會輕微顫抖，而你像第三個試驗那樣盯著他看。用你的手握緊他的手，把它們壓得更緊，然後要患者想著自己無法將手分開。然後再告訴他，你要從一數到三，當你數到三的時候，請他試著把手分開，同時想著：「我做不到，我做不到……」他會發現，自己真的無法把手分開。然後你開始慢慢數：「一，二，三。」接著立即逐字說出：「你……做……不……到，你……做……不……到……」如果患者確實依照指示想著「我做不到」，他不僅無法將手指分開，而且越是努力想分開手指，反而會扣得越緊。這個結果跟他所想的正好相反。過一會兒你再告訴他：「現在你要想著：『我做得到。』」他的手指就會自動分開了。

請你注意盯著患者鼻子上方兩眼中間的位置，別讓他把目光從你的視線中移開，一秒都不可以。如果他把手指分開的話，別認為這是你的錯。這是他的錯，因為他沒依照指示想著「我做不到」，請讓他確實了解這點，然後再重複進行這個試驗。

請務必用令人無法不服從的口吻來下達指令。我不是要你提高音量，用正常的音調反而更適合，只是必須**用單調、命令式的口吻來強調每一個字**。

一旦這些試驗成功了，你只要確實依照前面的說明執行，其他的試驗也會很容易成功。

有些患者很敏感，你可以從他們手指和四肢容易緊縮就看得出來。只要試驗成功了兩、三次後，你就不必再告訴他們要「這樣想」或「那樣想」了。你只要以簡單但命令式（所有善用暗示的人都是這麼做）的口吻說：「把雙手合起來，現在你已經打不開了。」「把眼睛閉起來，現在你已經睜不開了。」患者便會發現，儘管他用盡一切努力，也無法打開雙手或睜開眼睛。過一會兒，你再告訴他：「現在你可以做到了。」這時，他們緊縮的狀態就會立刻解除。

變化版初步試驗

這些試驗可以有各種變化。這裡舉幾個例子：

請患者握緊雙手，然後暗示他的手被焊住了；要患者把雙手放在桌子上，再暗示他的手被黏在桌子上了；告訴他，他被固定在椅子上無法起身了；要他站起來，然後告訴他，他無法走動了；請你放一個筆架在桌子上，並且跟他說這個筆架有五十公斤重，所以他根本拿不動。

再重複一次：這些現象並非如一般所說是暗示造成的，而是試驗操作者提供暗示給患者，經過患者自己轉化為自我暗示所產生的結果。

開始治療性暗示

當患者通過、並了解前述試驗後，就能接受治療性的暗示了。因為他就像經過開墾後適於耕作的田地，種子得以在這裡發芽成長。

療癒用的暗示台詞

不論患者有任何生理或心理病痛，使用同樣的治療程序是十分重要的；你使用的字眼也必須一致，但可視案例的情況而略作變化。

你的主要說詞如下：

「坐下，眼睛閉上。我不會，也不需要讓你睡著。我要你閉上眼睛，是為了不讓周遭的事物分散你的注意力。現在，告訴你自己，你會記住我所說的每一個字，就像是印刻、鑲嵌在你心裡一樣。它不必經過你的同意或了解，就會永遠在你心裡保持這樣的狀態。事實上，在你完全沒有意識的情況下，你與全身的器官都會服從它。

首先，我會說，每天三次，每天早上、中午和晚上，通常是在用餐的時間，你會覺得飢餓。也就是說，你會體驗到愉悅的興奮，你會想、也會說出來：『啊！如果有東西吃的話，該有多好！』你會很享受地用餐，當然也不會吃得過多。你會好好地咀嚼食物，把它變成糊狀再嚥下去。這麼一來，你可以好好地消化，胃腸不會感到不舒服或任何疼痛。你會吸收吃下去的食物，你的身體會利用它們來製造血液、肌肉、力氣和能量，簡單地說——就是生命。

既然你已經完全消化所吃的食物，排泄功能也將會十分正常。每天早上起床，你會想要如廁，不必透過藥物或其他特別方法，就可以得到正常而滿意的結果。

此外，你每天晚上從入睡到次日早上醒來，會睡得十分深沉、安定和平靜，不會做惡夢。而且，一覺醒來感覺良好，既愉快又充滿活力。

同樣的，如果你偶爾會感到憂鬱，覺得沮喪、容易擔憂、從負面角度看待事情，那從現在開始，你將不再如此。你將不再擔心、感到憂鬱和產生負面思想。過去，你雖然經常會沒來由地感到憂鬱，但現在就算沒什麼特別理由，你也會覺得很開心。我要進一步地說，即使真有讓你擔心和憂鬱的原因，你也不會再有這種感覺了。

如果你偶爾會感到不耐煩或是易怒，你也將不再感覺如此。反之，你會變得很有耐心，能夠自我控制。從今以後，你再也不會在乎那些曾經讓你擔心、煩惱或是激怒你的事，並且能保持若無其事且極為平靜的態度。

如果有時你會有錯誤及令人不悅的想法，或是被憂慮、恐懼、厭惡、誘惑、怨恨他人的念頭給襲擊、糾纏和縈繞不休，它們也將逐漸被你的想像力忽略而逐漸消失，好像飄到遙遠的雲端，最終消失殆盡。就像夢境在我們一覺醒來後消失無蹤那般，這些徒然無益的自我形象全都會消失不見。

我還要告訴你，你所有器官的功能都會運作正常。心跳和血液循環都很正常，肺、胃、腸、肝、膽管、腎和膀胱的功能也都很正常。如果目前你有任何器官的功能不正常，問題也會日益減輕，很快就會完全消失，該器官會恢復原來正常的狀態。另外，如果有任何器官產生病變，也會逐漸好轉，很快完全康復（關於這一點，我可以這麼說，你不需要知道是哪個器官有問題就可以被治癒了。因為受到『我在各方面都會更好、更棒、更進步』這種自我暗示的影響，無意識會自行找到有問題的器官，然後治療它）。

我也必須說——而且這一點非常重要——如果到目前為止，你一直對自己缺乏信心，我告訴你，依我對這種人人都有且強大到無法估計之力量的理解，你沒有自信的狀態會一點一點地消失，並變得信心十足。每個人都需要具備這樣的自信，沒有這樣的自信，將成就不了任何事；有了這樣的自信，就可以心想事成（當然要在合理範圍之內）。你將會對自己有信心，而這種信心能讓你確信，你可以完美地完成任何想做——當然要合乎情理——的事，以及基於責任所必須做的事。

那麼，當你想做合理或基於責任而必須完成的事時，永遠會覺得它們很容易，同時把『困難』、『不可能』、『我做不到』、『它比我強』、『我無法阻止自己』……這些字眼從你的字彙中刪除，並應該想著：『它很容易，我可以。』只要認定某件事很容易，對你而言就很容易，即使別人可能認為會很困難，你也會做得既快又好，不會感到疲憊，因為你做起來一點都不費力。反之，如果你覺得很困難，或是根本做不到，對你來說就會是如此，因為你就是這麼認定的。」

對某些人來說，這些暗示的說法可能太長，甚至有點幼稚。但是，它是必要的，而且你必須在使用時根據個案的具體狀況，把適合的部分加進去。

■所有用於暗示的字句，都必須以單一而溫柔的聲音說出來（每次都要強調關鍵性字眼）。

雖然這麼做不致於讓患者睡著，但至少會讓他覺得昏昏欲睡，無法思考。

當這一連串暗示快要結束時，請告訴患者：「簡單來說，我的意思是，從生理和心理各方面來看，你可以擁有極為良好的健康狀態，比你至今曾擁有的健康狀態都還要好。現在我要數到三，當我說『三』時，你會睜開眼睛，從這種被動順從的狀態中醒來。你會十分自然地醒來，完全不覺得昏昏欲睡或感到疲倦，反而會覺得自己很強壯、精力充沛、機敏、積極而充滿活力；此外，你會覺得心情愉快，各方面都感覺良好。一——二——三——」當你數到「三」時，患者會睜開眼睛，而且臉上會洋溢著微笑，帶著幸福滿足的表情。

有時候——儘管十分罕見——患者當場就會被治癒；至於其他時候（多數案例是如此），患者會覺得情況有所改善，部分或全部的疼痛或憂鬱，會在一段時間後消失無蹤。

我們必須針對每個案例的患病情況，調整進行暗示的頻率，並謹慎地根據他們復原的狀況，把進行的間隔逐漸拉長，直到治療完成為止。

回家後的自我暗示

在送走患者前，你必須告訴他，他本身就擁有治療自己的能力，你只不過是——確實如此——教他如何使用這項能力的老師而已，而他也必須幫你做好這個工作。因此，他在每天早上起床與每晚上床之前，必須閉上眼睛，想像自己站在你的面前，用一條打了二十個節的繩子來計算，然後用單一的聲調，連續重複下面這句話二十次：

■「每一天，每一天，我在各方面都會更好、更棒、更進步。」

他在心裡必須強調「各方面」這幾個字，這適用於心理及生理上的所有需求。而且，這個一般性暗示比特殊性暗示更為有效。

要了解操作者在進行暗示時扮演什麼角色十分容易。他不是發號施令的人，而是朋友，是嚮導，逐步帶領著患者走向健康之路。由於進行暗示是為了讓患者更好，因此患者的無意識會自然地完全接受，並轉化為自我暗示；待轉化完成後，就能迅速根據情況而得到或多或少的療效。

幾乎人人都不會失敗

這個方法能夠產生驚人的效果，個中原因很容易理解。真的，只要依照我的建議去做，絕對不會失敗，除非是我前面提過的那兩種人，幸好他們只佔所有人口的百分之三。

但要注意的是，如果事前不解釋清楚，也沒有進行必要的初步試驗讓患者習慣接受暗示，並將它轉化為自我暗示的話，就算想讓他們立刻入睡，你不能、也不會成功——除非患者特別敏感，不過這種人十分罕見。

■ 每個人經由訓練——只要幾分鐘——都能將暗示轉化為自我暗示。

只有少數人不需要經過我所建議的初步指示就能做到。

清醒中就能進行暗示

過去，我一直誤以為只能在睡眠中暗示患者，所以總是試圖讓他們入睡；自從發現沒那個必要後，我就不再這麼做了，以避免患者每次被告知要進入睡眠狀態時，都會感到恐懼不安，這會讓他不由自主地產生非自願性的抗拒。反之，如果你告訴病患說你不會讓他睡著，因為本來就沒那個必要，這反倒會得到對方的信任，整個過程他會聽從你的指令，不會感到害怕或產生不可告人的想法。如果這不是患者第一次進行暗示試驗，患者或許會被你單一而沒有變化的聲音安撫，進入深層的睡眠，而且醒來時會很驚訝自己睡著了。

如果有人對此抱持懷疑——一定會有，我會對他們說：「到我這邊來，看看我們做了些什麼，你會被事實說服。」

千萬不要認為只有用我所說的方法才能進行自我暗示。

■那些不知道什麼是自我暗示，也沒有任何準備的人，其實也可以進行暗示。

比方說，醫師只憑自己的頭銜就能對患者產生暗示性的影響。如果醫師告訴患者自己愛莫能助，他的問題已經無藥可醫，就會在患者心裡激發自我暗示，將可能導致極慘痛的後果；但如果醫師告訴患者病情確實很嚴重，不過，只要透過照顧、時間和耐心，還是可以治癒，有時候、甚至經常會在患者身上看到令人驚訝的結果。

再舉一個例子：如果醫師在幫患者檢查、診斷之後，開了處方卻沒有任何的說明，那麼，這個處方的效果便不會太大；反之，醫師要是向患者解釋每種藥物必須在什麼情況下服用，會產生什麼效果等等，則這些藥物的效果幾乎都能夠顯現出來。

如果這裡有醫師或藥劑師同行的話，我希望他們不要把我當作敵人。其實，我是他們最好的朋友。

一方面，我希望有關暗示的理論和實際研究能列入醫學院課程，這對患者和醫師本身都有極大好處；另一方面，在我看來，每次患者去看病時，醫師都該開給他藥物，即使沒有這個必要——患者去看病，其實是想被告知有什麼藥可以治癒他的病，他不知道也許只要注意自己不太重視的衛生條件和養生方法就能痊癒——他想到的只有藥物！

如果醫師只告訴患者如何養生，而不開立藥物，患者一定會感到不滿；他會認為，自己特地跑來請教醫師，卻得不到任何幫助，因此會轉而去找其他醫師。所以，醫師應該每次都開立藥物，並且盡可能自行配藥，不要用那些大做廣告來吹噓藥效的標準處方。醫師自行調配的處方用藥，遠比不需要任何處方、很容易就能在附近藥房買到的藥丸，更能激發患者無限的信心。

療癒總指揮

想正確理解暗示或自我暗示所扮演的角色，只要知道無意識自我是身心功能的總指揮就夠了。

這是可以確信的，正如我前面所說，任何器官運作不正常，必須恢復其應有的功能時，暗示的指令會立即傳達，而該器官會聽從這個指令，或許立刻、或許一點一點地慢慢恢復正常功能。這可以既簡單、又明確地解釋，我們如何藉由暗示來止血、治療便祕、讓纖維腫瘤消失，及治療癱瘓、結核性病變、靜脈曲張、潰瘍等等病症。讓我舉個實例：

這是一個牙齒出血的案例，是我在特魯瓦的牙醫葛泰（Gauthé）的診間觀察到的。

我曾治癒一位罹患哮喘八年的年輕女性D，有天她告訴我想要拔牙。我知道她很敏感，便決定主動幫忙，讓她在手術中沒有任何感覺。她當然很高興地同意了。

我們跟牙醫約好時間，依約到了診所。我站在她面前，緊盯著她說：「你沒有任何感覺，你沒有任何感覺……」就在我持續進行這個暗示時，向牙醫打了個手勢，就在那一瞬間，牙齒拔出來了，而D女士絲毫沒有反應。

通常拔牙後會出血，我事前不知道暗示法是否有效，於是要求牙醫不要用止血劑，讓我用暗示法試試看。我請D女士看著我，然後對她進行暗示，不到兩分鐘，她的牙齒便不再大量出血。我們等了一會兒，她又吐了一、二次血，血就止住了。我要她把嘴張開，發現有血塊凝結在口腔裡頭。

如何解釋這個現象？簡單地說，這位女士是被「必須停止出血」的念頭影響了，無意識地向小動脈和靜脈發出停止流血的指令，而它們便順從地自然收縮起來，就好像碰到人工止血劑，如腎上腺素一樣。

同樣的推論，也可以解釋為什麼纖維腫瘤會消失。因為無意識接受了「把它除掉」的念頭，大腦便命令助長腫瘤的動脈收縮。一旦動脈收縮停止供應養分，腫瘤便會因為沒有養分而死亡乾涸，最終被吸收而消失。

以暗示法治療精神疾病及缺陷

神經衰弱這種病症目前十分常見，但只要根據我的指示持續使用暗示法，一般都可以獲得解決。

我很高興治癒了許多神經衰弱患者，他們試過其他療法都沒用，有人甚至花了一個月待在盧森堡的特殊機構，但狀況都沒有得到改善⋯⋯。

然而，有一個病人，在我這裡六週內就痊癒了。現在，他是你見過最快樂的人，但在此之前，他認為自己是最悲慘的人。如今，他不會再陷入同樣的狀況了，因為我已經教會他如何使用有意識的自我暗示，而且他做得非常好。

如果暗示可以有效治療精神與生理疾病，或許可為社會提供更多服務，像是協助離開感化院後便淪入犯罪集團的可憐孩子成為正直的人。請不要告訴我這不可能，因為我可以證明，這種改善方法確實存在。

以下我將引用兩個極具特色的例子。不過，我在這裡先插句話，我將使用下面的對照方式讓你了解，暗示在治療精神缺陷時如何發揮作用。

假設我們的大腦是一塊木板，上面釘了釘子，這些釘子代表決定行為的想法、習慣和本能。如果我們發現，某個患者有不好的想法、習慣及本能——就像壞掉的釘子，然後我們把好的想法、習慣及本能，放在壞掉的釘子上面，再用鐵鎚敲一敲，也就是給予暗示。每敲一次，就是給一次新的暗示，新釘子會被敲進去一點，舊釘子則會被敲出來一點，直到敲擊至一定的次數，舊釘子完全被敲進去的新釘子取代為止。當舊的想法、習慣及本能被取代之後，這個人就會遵從新的想法、習慣及本能去行事了。現在，回到我要引用的例子。

小M是個十一歲、住在特魯瓦的孩子，他打從嬰兒初期開始就會日夜尿褲子或尿床。他有偷竊癖，當然也是個騙子。受到他母親的請託，我用暗示法來治療他。經過第一次治療後，他白天不再尿褲子了，但晚上還是會尿床。漸漸地，他尿床的次數減少了，幾個月後，他便完全痊癒了。與此同時，他偷東西的毛病也減少了，六個月後就不再犯了。

這個孩子的十八歲哥哥，對他們的另一個兄弟懷有強烈恨意，每次只要多喝了點酒，就有持刀刺殺對方的衝動。他認為自己總有一天會這麼做，但他也了解，自己若真的這麼做，到時一定會傷心欲絕。我也是用暗示法來治療他，效果很好，只治療了一次，他就痊癒了。他對兄弟的恨意消失了，從此成為好友，相處得極為融洽。之後我追蹤這個案例很久，治療效果仍持續沒有改變。

既然暗示法有這種效果，如果把它引進感化院，不是對這些孩子們很有助益嗎？我甚至認為，這是不可或缺的做法。

■我深信，如果每天對品行惡劣的孩子使用暗示法，超過百分之五十以上的孩子會改邪歸正。

把過去有精神缺陷的人，變成心智健全而又健康的人，難道不是對社會有巨大貢獻嗎？

或許有人會說，暗示法很危險，因為它可以用來達到邪惡的目的，然而，這個反對意見無法成立。首先，使用暗示法時，患者只對值得信賴且誠實的人傾訴心事，如感化院的醫師。此外，那些想利用暗示法做壞事的人，根本就不需要經過任何人的同意。

即使我們承認暗示法會產生危險（但不見得會如此），我想問問反對的人，請告訴我，我們所使用的東西有哪樣沒有危險性？蒸汽？火藥？火車？船？電力？汽車？還是飛機？難道醫師和藥劑師每天小劑量使用的「毒藥」不危險？只要片刻疏忽，在藥物劑量不幸出了錯，就有可能輕易地毀了病人！

典型的治癒案例

這個有效的方法若缺了成功案例，那就有點不完美了，但要把我參與過的成功案例全說一遍又太長，讀起來也會很累。因此，我只在這裡舉出幾個效果特別顯著的例子，使全文更具完整性。

長期哮喘

特魯瓦的M・D小姐有哮喘已經八年了，睡覺時整晚都得坐在床上才能呼吸。經過初步試驗[11]顯示她對暗示非常敏感，只要一點暗示就能進入睡眠狀態。經過第一次治療後，她的情況就有了很大的改善，夜晚睡得很好，哮喘也只發作過一次，為時約十五分鐘。之後，她的哮喘在短時間內就消失了，後來也沒有復發。

下肢癱瘓

M先生是位襪子商人，住在特魯瓦附近的聖薩凡（Sainte-Savine）。他因脊柱和骨盆交界的部位受傷，癱瘓已經兩年了。雖然只有下肢癱瘓，但因為血液無法循環，以致下肢腫脹、充血、變成青黑色；他嘗試過許多療法（包括抗梅毒劑），都沒用。

經過初步試驗成功，我提供了一些暗示，他再轉化為自我暗示，如此進行了八天後，他的左腿可以稍微動一下了，雖然幅度不大，但已讓人十分振奮。再經過八天的治療，情況有了更明顯轉變。之後每經過一至二週，他左腿腫脹等症狀便會隨著病情的改善而迅速減輕。十一個月後的一九〇六年十一月一日，他已經能自行下樓，

11 庫埃先對病患進行前面介紹過的四種初步試驗，測試病人對暗示的敏感度，並在指導病患了解這個過程之後，才會提供治療性的暗示。

還走了近七百五十公尺的距離。一九〇七年七月他回到工廠工作，至今都看不出任何癱瘓的跡象。

腸炎

A・G先生住在特魯瓦，長期罹患腸炎，試過很多方法都無效。他的精神狀態很糟，消沉、陰鬱、孤僻，常有自殺的念頭。由於初步試驗十分成功，我提供給他一些暗示後，當天就產生了明顯效果。這個療程為期三個月，剛開始我每天提供暗示，然後間隔逐漸拉長。三個月後，他的腸炎就消失了，精神狀態也很好。他從治癒至今已經十二年了，腸炎從沒復發過，確定療效是永久的。

A・G先生是透過暗示（或正確地說，是自我暗示）產生顯著效果的案例。我一方面從生理角度提供暗示，一方面也從精神角度提供暗示，他對這兩種暗示的接受度都很高，也越來越有自信。

他是位手藝很好的工匠，為了多賺點錢，想找一種可以晚上在家工作的機具。不久，有位工廠老闆看他手藝不錯，便主動提供他想要的機具。由於他技術精良，工作產量比一般工人高，雇主非常欣賞，於是又提供他更多機具，現在他負責操作六台機具，收入相當不錯。如果不是透過暗示的幫助，現在的他不過是個普通的工人罷了。

肺結核末期

住在特魯瓦的D女士約三十多歲，她罹患肺結核末期，雖然特別重視營養，但仍舊日益消瘦。她的症狀包括咳嗽、口吐白沫及呼吸困難。事實上，從各種跡象看來，她只剩下幾個月的壽命了。

經過初步試驗，顯示她對暗示的敏感度很高，在我提供她一些暗示後，病情立刻有了改善。第二天症狀開始減輕，而且每天都可以看到病情改善的進展。雖然她不再特別補充營養，但很快就開始長肉，而且不到幾個月時間就痊癒了。一九一一年一月一日，她在我離開特魯瓦八個月後寫信向我致謝，還告訴我她懷孕了，身體很健康。

腦循環障礙

X先生任職於呂納維爾（Luneville）郵局。一九一〇年一月，他失去了一個孩子，這個打擊讓他得了腦循環障礙（Cerebral disturbance），症狀是無法控制的神經性顫抖。他的叔叔在六月時帶他來就醫，經過初步試驗後，我提供他一些暗示，四天後回診時，他說自己已不再顫抖了。我繼續提供暗示給他，要他八天後回診。但是，過了一週、二週、三週，一個月都過去了，卻始終沒有他的任何消息。

又過了一段時間，他的叔叔來告訴我剛收到侄兒來信，表示他的情況十分良好。X先生重新擔任之前被迫放棄的電信員工作，並在寫信前一天毫無困難地發出了一封一百七十字的電報，表示自己已能輕鬆發出更長的電報。他的病從此沒再復發過。

神經衰弱

住在南錫的Y先生罹患神經衰弱已好幾年了。他有厭惡、神經恐懼和腸胃病等問題，經常睡不好，心情陰鬱且有自殺的念頭；他走起路像個醉漢般搖搖晃晃的，滿腦子都是自己的苦惱。各種療法他都用過了，但病情每況愈下。他住進一間專為神經衰弱患者設立的療養院，但還是沒有幫助。

Y先生一九一〇年十月初前來就醫，經過初步試驗，算是容易接受暗示的患者。我向他解釋自我暗示的原則，以及每個人都有有意識自我與無意識自我，然後提供他需要的暗示。剛開始前二、三天，他還不太明白我的意思，過沒多久，他便心領神會了。之後我持續提供暗示，他也每天會進行自我暗示。起初進展速度非常緩慢，後來才變得越來越快，一個半月之後，他便完全痊癒了。這位不久前才自認十分悲慘的人，現在快樂得不得了。

痛風

住在特魯瓦的E先生有痛風毛病，因為右腳踝發炎，痛得無法走路。經過初步試驗，顯示他是個對暗示敏感的人，因此第一次進行暗示療法後，右腳踝的疼痛便消失了，甚至可以自行離開，既不用枴杖，也不用乘車。

第二天，他沒有依照我的囑咐回診。後來他的妻子告訴我，那天早上她丈夫起床穿上鞋後，就騎著腳踏車去工廠（他是個油漆匠）工作了。你可以想像我有多驚訝嗎？因為他沒有回診，所以我無法追蹤他的情況，但聽說他的痛風沒有再復發過。

身體多處疼痛

南錫的T女士有神經衰弱、消化不良、胃痛、腸炎等病症，以及身體各部位多處疼痛的毛病，而多年來，她看了許多醫師都沒有效果。

我使用暗示法治療她，她每天也會進行自我暗示。從第一天開始，她的病情就出現了持續且明顯的改善。如今，她的身心早已痊癒，也沒有特別使用什麼養生法。即使她覺得自己可能有點腸炎，但也不是很確定。

急性神經衰弱

T女士的妹妹X女士罹患急性神經衰弱，一個月裡有半個月得躺在床上，完全不能動或是工作。她缺乏食欲、精神抑鬱、消化不良，但只經過一次暗示性治療就康復了。因為她的病情沒有復發，療效應該是永久性的。

嚴重濕疹

麥斯維爾（Maxéville）的H女士得了濕疹，特別是左腿特別嚴重。她的雙腿發炎，尤其是腳踝部位，走起路來既疼痛又困難。我使用暗示法治療，她當晚就能輕快走路了，而且走個幾百碼也不覺得累。第二天，她的腳和腳踝已經不再腫脹，後來也不曾再犯，至於濕疹，也很快就消失了。

腎臟與膝蓋疼痛

蘭努維爾（Laneuveville）的F女士有腎臟與膝蓋疼痛問題，她從十年前開始就出現症狀，而且病情日益惡化。經過我的暗示和她自己進行自我暗示後，情況立刻好轉，改善速度也逐漸加快，很快的就完全痊癒了，而且沒有復發。

肺部充血

南錫的Z女士於一九一〇年一月因肺部充血而病倒，醫療過了兩個月都沒有復原。她全身無力、食欲不振、消化不良、嚴重便祕、失眠和大量盜汗。

在進過第一次治療性暗示後，她整個人有了良好的改善。她在兩天後回診時告訴我，她整個人感覺很好，所有症狀都消失了，各個器官也運作正常。她有三、四次快要流汗時，使用有意識的自我暗示來克制。從此以後，她的身體始終處於絕佳的狀態。

常失聲

貝爾福特（Belfort）的X先生只要說十至十五分鐘的話就會失

聲。他曾向多位醫師求助，但在他的發聲器官上都找不到問題。有位醫師說是喉部老化的關係，這讓他確信自己已經無藥可醫。他到南錫度假時，有位認識我的女士建議他來就醫，起初他很不願意，但最後還是同意了。

儘管他打死不相信暗示的效果，但我還是用暗示法對他進行了治療，要他兩天之後回診。他依約回診時說，前一天跟別人談話談了一整個下午，竟然都沒有失聲。兩天後他再度回診，這次他告訴我自己前一天不只跟人談了很久，甚至還可以唱歌，也沒有失聲。他的治療效果很好，我相信能持續下去。

嚴重心臟病

十三歲的少年B在一九一二年一月份時，因為罹患嚴重的心臟病而住院，主要症狀是呼吸異常。因為呼吸困難，所以他只能以小步伐慢慢地走路。負責治療他的是位優秀的醫師，他估計B的病情會極速惡化，最後導致死亡。

B於二月出院，病情沒有任何改善。他的家庭友人帶他來我這裡看診，我也判斷他的病情無法好轉，但是儘管如此，我還是為他進行了初步試驗，沒想到竟不可思議地成功了。於是我提供他治療性暗示，並指導他如何有意識地進行類似的自我暗示，並要他兩天後回診。

當他回診時，我很驚訝地發現，他的呼吸和走路都有了顯著的進步。於是我繼續提供他暗示，兩天後回診時他的病情持續有所改善，此後每次回診都有進步。

他的病情迅速好轉，在進行第一次治療三週後，我的小病人已經可以徒步和母親登上維勒高地，而且幾乎可以正常輕鬆地呼吸，走路再也不會上氣不接下氣。現在他也能爬樓梯——以前他絕對是做不到的。

由於小B的病情持續穩定進步，他便問我可不可以搬去跟卡立南（Carignan）的祖母同住。因為他的狀況很好，我便同意了。他搬去卡立南後偶爾會告訴我近況。之後他的健康狀況越來越好，胃口及消化吸收能力也不錯，憂鬱消沉的感覺也消失了。他不僅像正常人一樣走路，還可以跑著追蝴蝶。

他十月回來時，我幾乎快認不出他了，因為五月離開時，那個彎腰駝背、瘦弱的小傢伙，如今已長成一個高大挺拔的男孩，臉上閃耀著健康的光采。他長高了十二公分，胖了十九磅。從此以後，他過著完全正常的生活，跑著上下樓梯，騎腳踏車，也跟同伴一起踢足球。

太陽穴疼痛

日內瓦的X小姐，十三歲，她的太陽穴經常疼痛，看過的幾位醫師都診斷是感染結核菌所引起的問題。

她試過各種療法，治療了一年半都沒有效。之後她接受貝多因（Baudouin）先生的治療（他是庫埃先生在日內瓦的信徒），貝多因使用暗示法治療，要她一週後回診。回診時，她的太陽穴疼痛已經消失了。

膿瘡

日內瓦的Z小姐右膝上方長了膿瘡，以致她十七年來右腿無法伸直，必須動手術。她請貝多因先生使用暗示法進行治療。治療後沒多久，她右腿就能正常彎曲、伸直了（這個病例顯然是由心理因素造成的）。

靜脈曲張潰瘍

住在麥斯維爾、五十五歲的鄂班・瑪麗女士，罹患靜脈曲張潰瘍已經超過一年半了。她第一次來看診是在一九一五年九月，一週後回診，兩週後就完全康復了。

心臟病與瓣膜贅生物

十歲的愛彌兒・申奴住在格蘭街十九號，她是從梅茲（Metz）來的難民[12]，因不明原因的心臟病與瓣膜贅生物（vegetation），每天晚上都會吐血。她一九一五年七月來院初診後，經過幾次複診後，

12梅茲位於法國東北部。一九一四年七月一次大戰爆發，德國入侵法國佔領此地。

吐血次數便減少了。之後她持續治療到十一月，就不再吐血，贅生物也消失了，直到一九一六年八月都沒再復發。

特異性慢性支氣管炎

哈索先生，四十八歲，住在布恩（Brin）。他一九一五年一月因為受傷而罹患某種特異性慢性支氣管炎，病情每況愈下。病情延宕至一九一五年十月才前來就醫，但經過診療後病情立即得到改善，並持續至今。雖然目前他尚未康復，但已經好多了。

鼻竇炎

B先生被前額竇發炎困擾了二十四年之久，甚至動過十一次手術！但儘管做了這麼多治療，鼻竇炎還是沒有痊癒，每天都還是要承受那難以忍受的疼痛。他的生理狀態悲慘到了極點，包括強烈與不間斷的疼痛、極度虛弱、缺乏食欲，甚至不能走動、讀書、睡覺等等。可以說，他的精神狀態幾乎跟身體一樣糟糕。

儘管經過南錫的伯漢醫師、巴黎的德葉寧醫師、伯恩的杜包亞醫師及史特拉斯堡（Strasburg）的X醫師的治療，但病情完全沒有改善，反而日益惡化。他是透過另一位病人的推薦在一九一五年九月來找我。從那時候開始，他的病況就改善得很快，經過五年多的時間，現在一九二一年已完全康復了。這是真正的重生。

結核性脊椎炎

納根加斯特，十八歲，住在色列爾街（Rue Sellier）三十九號，患有結核性脊椎炎。他一九一四年初前來就診時，胸部已經包著石膏六個月了。他每週固定兩次來我這裡治療，同時每天早晚自行使用暗示法，然後，情況很快便有了改善，在短時間內，他的胸部就不必再打石膏了。

一九一六年四月再見到他時，他已經完全康復了，正在從事郵差工作。在此之前，他曾經在南錫擔任救護車助理，直到那個職位被裁撤為止。

眼瞼麻痺

住在亞維爾（Jarville）的D先生左上眼瞼麻痺，他在醫院對該部位進行注射治療後，反而造成上眼瞼外翻，左眼向外偏斜了四十五度，情況似乎必須得動手術。他在這種狀況下跑來找我，而因為自我暗示的效果，他的眼睛已逐漸恢復正常。

臉部疼痛

住在南錫的L女士右臉已經痛了十年。許多醫師治療過她，但是都沒用，他們根據診斷，判定她的右臉必須動手術。之後，她於一九一六年七月二十五日來我這裡，病情立刻有了改善。大約十天後，她右臉的疼痛全沒了，直到十二月二十日都沒再復發。

先天性雙足畸型

住在南錫的莫里斯，八歲半，先天性雙足畸型。經過第一次手術，左腳幾乎完全恢復，但右腳仍不良於行，即使接下來又動了兩次手術也沒用。這孩子在一九一五年二月第一次來我這裡時，多虧了某種讓他雙腿可以打直的裝置，讓他可以走路。

第一次治療後，情況便有明顯的改善，經過第二次治療，他已經可以穿一般靴子走路了。後來他進步的情形越來越明顯，到四月十七日，他恢復的情況仍十分良好。直到一九一六年二月他扭傷了右腳，才使得右腳不像之前那般有力。

腳部疼痛

住在布蘭維爾的X小姐左腳疼痛，可能是輕微扭傷所引起的腫脹與劇痛。她做過幾種不同治療，但情況反而更糟，後來甚至出現化膿性疼痛，應該是生了骨疽的關係。即使經過治療，走路還是越來越困難，疼痛也越來越劇烈。

她聽從我的病友的建議來找我。經過第一次治療，左腳疼痛就明顯減輕了，腫脹也逐漸消退，不再劇烈疼痛，膿瘡也減少許多，最後也都癒合了。就這樣持續治療了幾個月，她的左腳便完全恢復了正常。雖然疼痛已經消失，但是左腳後彎的程度仍然不理想，走路還是有點跛。

子宮炎

夏徹尼（Chavigny）的R女士罹患子宮炎已有十年，她在一九一六年七月底前來看診後，病情便立刻有了改善，疼痛與失血的情形也迅速減少，到了九月二十九日，兩種症狀全都消失了。過去她每個月的經期長達八至十天，現在則是四天。

靜脈曲張潰瘍

住在南錫吉伯－迪－皮佛瑞克路（Rue Guilbert-de-Pivérécourt）的H女士，四十九歲。她從一九一四年九月開始有靜脈曲張潰瘍，曾接受治療，但無效果。她的小腿腫得很厲害（潰瘍位於腳踝上方，有二法郎錢幣那麼大〔約二點六公分大小〕，並深入骨頭），除了嚴重發炎，還大量化膿，並感到劇烈疼痛。

H女士在一九一六年四月第一次來我這裡就醫，經過治療後，即可見明顯的進步，且持續沒有間斷。一九一七年二月十八日，她的小腿已不再腫脹，疼痛與發炎也消失了。雖然潰瘍的傷口還在，但範圍比一顆碗豆還小，只有幾釐米深，只是仍會流出少許膿液。到了一九二〇年，她便完全康復了。

恐慌症

住在米爾庫爾（Mirecourt）的D小姐，十六歲，罹患恐慌症已有三年。起初發作頻率不高，後來發作的間隔逐漸縮短。她在一九一七年四月一日前來就醫前半個月就發作過三次，但到了四月十八日就完全不再發作了。我再補充一下，從她接受治療開始，過去經常出現的強烈頭痛也不再犯了。

劇烈頭痛與子宮脫垂

M女士四十三歲，住在瑪茲維爾（Malzéville）阿芒斯街（Rue

d'Amance）二號。她在一九一六年底因劇烈頭痛前來就醫，經過幾次治療後，頭痛便消失了。治療兩個月後，她發現自己罹患的子宮脫垂——她並沒有對我提到這點，進行做自我暗示時，她自己也沒想到——也被治癒了（這是因為她早晚各一次進行自我暗示時，說了「在各方面」幾個字）。

子宮脫垂

住在舒瓦西勒魯瓦（Choisy-le-Roi）的D女士，我只在一九一六年七月給過她一次暗示，後來她自己每天早晚都會進行自我暗示。同年十月她來告訴我，她罹患二十年的子宮脫垂已經痊癒了。直到一九二〇年四月，療效仍然有用（原因同上個案例）。

腿部腫脹劇痛

茹瑟林女士，六十歲，住在多明尼加街（Rue des Dominicains）六號。她於一九一七年七月二十日因右腿劇痛、整條腿嚴重腫脹而前來就醫。當時她是一邊呻吟、一邊拖著沉重步伐走進來的。經過治療後，她已經能正常走路，一點都不覺得疼痛。這讓她非常驚訝。她在四天後回診，說她在這段期間不曾感到疼痛，腫脹也已經消退。她說，自從她就醫以來，原來的白帶與多年腸炎也消失了（原因同上個案例）。到了十一月，治療仍然持續有效。

口吃

G・L小姐，十五歲，住在蒙特街（Rue du Montet）八十八號。她從幼兒時期開始就有口吃。她在一九一七年七月二十日前來就醫時，當場就不再口吃。一個月後再見到她，她表示在這段期間內口吃完全沒有復發。

風濕

法利（尤金）先生，六十歲，住在柯特街（Rue de la Côte）五十六號。他的肩膀和左腿罹患風濕已有五年。他拄著枴杖還可以勉強走路，雙手則無法高舉過肩。他在一九一七年九月十七日前來就醫，經過第一次治療後，疼痛就消失了，不只能大步走路，甚至還可以跑步。此外，他已經能像風車那樣旋轉兩隻手臂。到了十一月，他的疼痛都沒再復發。

臉部疼痛

拉考女士，六十三歲，住在沙布路（Chemin des Sables）。她從二十年前開始就有臉部疼痛的毛病，試過各種療法都沒用。有人建議她動手術，但她不願意。

她在一九一六年七月二十五日第一次就醫，診療四天後疼痛就消失了，效果持續至今。

子宮炎

馬丁女士，住在維爾維利市（Ville-Vieille）格朗德街（Grande-Rue）一百零五號。她子宮發炎已持續了十三年，同時伴隨有疼痛及白、紅色分泌物。每次經期來時，她都十分疼痛，且每隔二十二或二十三天來一次，每次持續十至十二天。她於一九一七年十一月十五日第一次就醫後，每週回診一次。但第一次治療後就見到了效果，而且病情迅速好轉。到了一九一八年一月初，發炎症狀就全部消失了，月經週期也比較正常，不再感到疼痛，甚至她痛了十三年的膝蓋也不藥而癒。

間歇性風濕痛

卡斯提利女士，四十一歲，住在默爾特-摩澤爾省（M.-et M.）的恩維爾區（Einville）。她的右膝罹患間歇性風濕痛已有十三年。五年前曾有過一次前所未有的劇痛，腿和膝蓋嚴重腫脹，小腿亦有萎縮的現象，這讓她走起路來十分痛苦，必須使用手杖或枴杖來支撐。她在一九一七年十一月五日第一次就醫離開時，既不用手杖、也不需要枴杖。從那時起，她再也不需要枴杖了，只是偶爾會使用手杖。膝蓋有時仍會疼痛，但不算太嚴重。

膝部腫痛

梅德女士，五十二歲，住在恩維爾。她的右膝腫痛已經有六個月，右腿無法正常彎曲。她在一九一七年十二月七日第一次來我這裡，一九一八年一月四日回診時已經可以正常走路，而且幾乎不再感到疼痛。經過那次回診治療後，右膝的疼痛完全消失，可像一般人一樣正常走路了。

掌控自我更幸福

我們擁有一種無法估計的力量，當我們無意識地使用它時，結果往往對我們不利；反之，如果我們可以有意識且明智地引導它，便能讓我們掌控自我。如此，不僅能讓自己及他人免於生理與精神疾病，還能讓我們在任何情況下都過得更幸福。

最後，也是最重要的是，它應該用來幫助誤入歧途的人重新做人。

每一天，每一天，我在各方面都會更好、更棒、更進步。

Chapter4

庫埃先生的診間現場

為病人帶來希望與奇蹟

不論任何階層的人去找他看病，
都會得到友善的對待，
並走上康復之路……。

整個小鎮的居民一聽到庫埃先生的名字就興奮得不得了，因為不論任何階層的人去找他看病，都會得到友善的對待，並走上康復之路。

最令人感動的是，在療程結束準備離開診所時，那些原來愁眉不展、憂鬱、幾乎帶著敵意（因為疼痛）的患者，都變得那麼愉悅快樂、無拘無束且容光煥發（因為疼痛消失了）。

我們真的真的可以這麼說——庫埃先生以他的美德與笑容，緊緊抓住了患者的心。

庫埃先生常常對病人說的話

他對許許多多前來求診的患者都是這麼說的：

「女士，你哪裡不舒服？……喔！你太在意自己的病，太想了解生病的原因了。就算你知道了又怎麼樣？你正在受苦，這就夠了……，我會教你擺脫病痛的方法。」

「你好，先生。你的靜脈曲張性潰瘍已經好轉了。這樣很好，非常好。要知道，你才來看診兩次，恭喜你在這麼短的時間內就有進步。如果你繼續正確地使用自我暗示，就會很快痊癒……。

你說自己有這個毛病已經十年了，是嗎？這有什麼差別？就算你得了潰瘍二十年或是更久，也一樣會康復。」

「你說你的病情沒有任何改善？你知道為什麼嗎？因為你對自己太沒信心了。當我告訴你病情已經好轉時，你馬上就覺得好多了，不是嗎？為什麼？因為你對我有信心。你只要相信自己，就會得到同樣的效果。」

「噢，女士，請不必告訴我那麼多的細節。當你想著病痛的時候，等於是在創造病痛，而且還想用一張長長的清單列出所有症狀。事實上，這種心態是錯誤的。其實，只要你決定自己一定會康復，就會很快的康復，這就跟信仰一樣簡單。」

☆☆☆

「你說你的恐慌症每週發作一次……，從今天開始，你只要照著我教你的方法去做，就不會再發作了。」

☆☆☆

「你便祕很久了？……重點不在於多久……，你說有四十年了？好，我知道了。就算如此，你明天一定就會痊癒，你聽到了嗎？明天！不過這當然有個條件，就是你得照著我教你的方法做，而且是完全照做。」

「女士，你有青光眼。我無法保證可以治得好，因為我不確定做得到，但這不表示你的問題無法解決。我知道有位住在索恩河畔沙隆（Chalon-sur-Saône）的女士和一位住在洛林（Lorraine）的女士都治好了。」

★★★

「嗯，小姐，上次你來看診前恐慌症每天都會發作，現在你已經痊癒了。請隨時回來讓我看一下，讓我確定你的情況。」

★★★

「只要你食物營養吸收得好，鬱悶的感覺就會消失，而且永遠不會再犯。千萬不要過於心急……，你的鬱悶跟心臟病一樣，很快都會消失。」

「暗示法與你平常的治療並不衝突……，只要你眼睛上的疤每天都有進步，它的暗度與範圍就會日漸減少。」

庫埃先生（以清晰和命令的口吻）對一位小孩說：「閉上眼睛，我不會跟你說些病症之類的事，反正說了你也不會明白。但是，你胸口的疼痛即將消失，而且你再也不會想咳嗽了。」

觀察：看見罹患支氣管炎孩子的病情立刻緩解，而且症狀迅速地消失，真是太奇妙了……，小孩子既簡單又聽話，他們的身體總是能立刻遵照暗示而有所反應。

庫埃先生對一位老是抱怨疲倦的人說：「嗯，我也是這樣。有段時間我累到不想再看診，但還是照樣整天看診。所以，千萬不要說『我沒辦法』，人總是有辦法超越自己的。」

觀察：疲倦的念頭會引起倦怠。但是，責任感總會讓我們產生完成工作的力氣。心智可以、也必須主宰我們的動物性本能。

＊＊＊

「不論是什麼原因讓你無法走路，這種情況每天都會一點一滴地消失：你聽過『天助自助者』這句諺語吧。

每一天，都找兩個人扶你站一會兒，一天二至三次，然後請務必堅定地對自己說：『我的腎臟並沒有糟糕到讓我站不起來，而且相反的，我是可以站起來的。』」

＊＊＊

「說過『每一天，每一天，我在各方面都會更好、更棒、更進步』後，再加上一句：『糾纏我的人再也不會來，他們再也不能糾纏我。』」

「我跟你們說的是真的，只要心裡想著不再疼痛，疼痛就會消失。因此，請不要心裡想著疼痛會發作，否則，它就一定會發作。」

（有位女性輕聲說：「庫埃先生好有耐心！他真的可以解除疼痛！」）

■我們心裡所想的事物都會實現。正因為如此，我們絕對不能讓自己往錯誤的方向想。

你心裡想著：「我的問題已經消失了」——「當你這麼想時，你便無法打開雙手。」（前面第五十三頁的實驗）

你越是對自己說「我不要」，相反的情況就會發生。你必須對自己說「問題消失了」，同時心裡也這麼想。現在，請你合上雙手，並在心裡想著：「現在我無法分開雙手。」試試看！（病人真的分不開雙手）你會發現意志對自己沒有太大的影響力。

觀察：這就是這個方法的精髓。為了進行自我暗示，你必須徹底地消除個人的意志，只能運用你的想像力。當意志跟想像發生衝突的時候，意志永遠會失敗。

■「越老越強」這句話看似矛盾，但卻是事實。

庫埃先生建議糖尿病患者：「繼續使用正統療法；我很願意提供你一些暗示，但無法保證能治好你的病。」

觀察：我看過好幾個糖尿患者被治癒的案例，而且更不可思議的是，某些患者尿液裡的白蛋白減少了，甚至完全消失。

☆ ☆ ☆

■ **執念是真正的夢魘。過去你厭惡的人可能變成你的朋友，你喜歡他們，而他們也很喜歡你。**

■ **意志與欲望完全是兩碼子事。**

☆ ☆ ☆

庫埃先生要求患者閉上眼睛，提供他「準備工作——自我暗示實驗」中有關暗示的說明。

待說明完畢，他對每位患者就病情說了些話。

他對第一位患者說：「先生，你會感到疼痛。但我告訴你，從今天開始，造成你疼痛的原因，不論是關節炎或其他什麼病，都將透過你無意識自我的幫助而康復。你的疼痛會一點一滴地消失，而且在短時間內不見蹤跡。」

他對第二位患者說：「你的胃功能不好，多少有一點胃膨脹（胃擴張）。嗯，現在我告訴你，你的消化功能會越來越好，胃膨脹的問題也會漸漸消失。你的整個消化系統將恢復過去的活力與彈性，讓你的胃恢復到原來正常的狀態，腸道也會更容易蠕動以便於運送養分。同時，你因為胃鬆弛形成的囊袋也會縮小，當食物不再停留在囊袋，就不會產生發酵現象。」

他對第三位患者說：「至於你，小姐，我告訴你，不論你的肝臟有什麼問題，你的身體機能正在使疾病痊癒，而且一天會比一天好。現在你疼痛的症狀會逐漸減少，最終將完全消失。你的肝臟將逐漸恢復正常功能，它分泌的膽汁是鹼性而不是酸性，而且分泌的量跟品質都恰如其分，如此膽汁才能正常地進入腸道，幫助消化。」

他對第四位患者說：「我的孩子，請你聽好，每當你覺得快發作時，就會聽到我的聲音有如閃電般快速地說：『不，不，我的朋友，你絕對不會發作！』然後，它在還沒發作前就消失了……」

他對第五位患者說……

庫埃先生跟每個人都談過話後，會請他們睜開眼睛，說：「剛才你們都聽到我給你們的建議了。那麼，如果要把這些建議轉化為事實，你們就必須這麼做：只要你還活著，每天早上起床前，以及每天晚上上床時，閉起眼睛集中注意力，然後張嘴（一定要這麼做）重複說出下列句子二十次，『每一天，每一天，我在各方面都會更好、更棒、更進步。』」

你不需要想什麼特定的事，因為「各方面」這幾個字適用於任何事。

■進行自我暗示時要有信心、有信念，確信你會得到自己渴望的事物。

■只要越有信心，效果就會越好、越快。

此外，如果你在白天、晚上，任何時候覺得身體或精神狀況不佳時，請確認自己不會有意識地讓自己不舒服，然後想辦法讓症狀消失。盡可能讓自己獨處，如果精神不佳，請把手放在額頭上，如果是身體不適，請把手放在不舒服的位置，然後張嘴快速地重複說：「沒事了，沒事了，沒事了……」直到不舒服的感覺消失為止。只要練習幾次，精神或身體的不適就會在二十至二十五秒內消失。只要有需要，就可以這麼做。

這與進行自我暗示時一樣，必須具備相同的信心、信念與信仰，而且要毫不費力地進行。庫埃先生進一步表示：「如果以前你不自覺地會帶給自己不良的自我暗示，那麼現在你已經懂得我所教授的方法，就不能讓這種情況再度發生。如果在我教了你這些方法後，你還是讓事情發生了，那麼你便只能怪自己：『都怪我，是我錯了！』」

健康和幸福的力量來自於自己

現在，如果你們容許一位對這個方法及創辦者表達感激的崇拜者說幾句話，我會說：「庫埃先生明白地告訴我們，能為我們帶來健康與幸福的力量來自於自己——我們確實擁有這個能力。」

因此，所有造成痛苦的主因，都是我們自己創造或引發出來的，同時也證明了蘇格拉底的名言：「了解你自己。」以及教宗的忠告：「我不會拒絕上天慈悲所賜予的好處。」讓我們接受自我暗示的所有優點，讓我們就在這個特別的日子成為「洛林應用心理學會」的成員，讓我們所照顧（這對他們來說是很好的做法）的那些人也成為我們的一分子。

這表示我們必須跟隨庫埃先生開創未來而展開偉大行動（他日以繼夜地投入這項工作，散盡家產，謝絕贈予……，只是默默付出；他已經無法付出更多了！我很怕坦誠的他會在出版時修改我所說的話），但最重要的是，藉此，我們可以真正地了解他在巴黎、南錫及其他城鎮所說的話，他如何在那些地方散布觀念的種子，我們可以在哪裡找到他，聆聽他的意見，尋求他的諮詢，透過他的協助，來喚醒或引發個人力量，讓每個人都變得健康快樂。

請容我再補充一下，庫埃先生演說所得的收入，都將用於殘障人士及其他為戰爭所苦的患者。

問題都消失了！

Chapter5

一些Q&A和見證

記庫埃先生巴黎演講的教導

愛彌爾・里昂女士（庫埃先生的弟子）

經常重複你的願望。
重複說：「我越來越有自信。」你就會真的變成如此；
重複說：「我的記憶力在改善。」你就會真的實現；
重複說：「我完全成為自己的主宰。」你就會發現自己
成為這樣的人。

我不希望庫埃先生十月在巴黎的演說內容被人們遺忘，因此把它們簡要地記錄了下來。

庫埃暗示療法的常見問題

以下暫時把因庫埃先生的仁心仁術而減輕或治癒許多患者痛苦的事蹟擺一邊，只專注於記錄庫埃先生的教導。

Q1 我使用了你的方法與禱詞，為什麼病情沒有好轉？

可能是你內心產生了無意識的懷疑，或是你太努力想達成目的了。記住，努力是意志所決定的，如果你把意志放進來，就會讓想像力進入其中而產生負面效應的風險，結果就會與你渴望的目的正好相反。

Q2 苦惱時該怎麼辦？

遇到苦惱的事情時，請立刻重複說：「不，它一點都不讓我困擾，一點都不會，其實它讓我很愉快。」簡言之，你的目的就是要讓自己的情緒變好，而不是更壞。

Q3 進行初步試驗是必要的嗎？

不，不是絕對必要，但它們非常有用。雖然對某些人來說，它看來好像有點幼稚，但其實不然，它們是極其嚴肅的。它們確實證明了三件事：

(1)我們心裡的念頭，對我們來說都是真實的，且都有轉化為行動的傾向。
(2)當想像力跟意志產生衝突時，永遠都是想像力得勝，而你會做出與自己期望恰好相反的事。
(3)我們可以毫不費力、輕輕鬆鬆就把想要的念頭放進心裡，因為我們可以輕易地先想著「我不能」，然後再想「我能」。

初步試驗並不適合在家裡進行。一個人在家時，常無法處於身心安頓的狀態，因此會有試驗失敗的風險，同時自信心也可能因此而有所動搖。

Q4 一個人感到疼痛時，恐怕很難不去想到痛的感覺……。

不要害怕想它，反之，你要想著它，但是對它說：「我不怕。」

如果你到了某個地方時，有隻狗擋著路對你狂吠，請你堅定地看著牠的眼睛，牠就絕對不會撲咬你。如果你害怕得想掉頭就走，牠反而會很快地撲上來咬你的腿。

Q5 如果非離開不可呢？（承上題）

請倒退著離開。

Q6 我們該怎麼做才能實現願望？

經常重複你的願望。重複說：「我越來越有自信。」你就會真的變成如此；重複說：「我的記憶力在改善。」你就會真的實現；重複說：「我完全成為自己的主宰。」你就會發現自己成為這樣的人。

如果你說的內容與此相反，就會實現相反的情況。只要你持續且快速地複誦這個內容，很快就會轉化為事實（當然，你所說的內容也必須合理）。

觀眾的證詞

一位年輕女性對另一位女性說：「太簡單了！你不必再多加些什麼了，他好像受到了啟發。你不認為就是有人會散發出影響力嗎？」

一位巴黎來的傑出醫師對他身邊許多醫師說：「我完全接受庫埃先生的見解。」

一位全方位的工藝家，也是嚴格的評論家，是這麼描述庫埃先生的：「他就是一種力量。」

是的，他是仁慈的力量，絕不寬容「失敗主義者」的不良自我暗示。他辛勤不懈，積極工作，永遠帶著笑容幫助人們開發自己的個性，並且教導他們如何治療自己，這就是他的方法的慈善特性。

有誰不是打心底希望人人都能了解、掌握庫埃先生帶來的「好消息」？「它有可能喚醒每個人與生俱來、實現快樂與健康的個人力量。」

■如果你願意，這將是一種已充分發展、可轉化你一生的力量。

■那些被啟發的人，絕對有責任（同時也很快樂）盡可能傳播這個已經被數千人認識、並被證實的奇妙方法，讓那些受苦、悲傷或極度苦惱的人們，讓全世界都了解，並協助他們付諸行動！

此外，想想法國吧，贏了勝利卻傷痕累累；想想護衛法國的人，贏得勝利卻殘廢了；想想所有戰爭帶來的痛苦。希望那些擁有力量的人（蘇格拉底說「人類擁有最大的力量，就是行善的力量」），能看到「庫埃療法」那珍貴的、取之不盡的身心力量，讓它成為隨手可得的方法，並讓它很快地成為全世界與全人類的共同財產。

不，它一點都不讓我困擾，一點都不會，
其實它讓我很愉快。

Chapter 6

我為人人
讓每個人都能重獲新生

愛彌爾・里昂女士（庫埃先生的弟子）

我沒有磁流，我沒有影響力，
我沒有治癒過任何人，
我能做的，我的弟子也能做。

如果每個人都能得到一種極大的好處，而這種好處是觸手可及的，只是忽視了它的存在。那麼，得知這個祕密的人，是否就應有一種迫切的責任讓周遭所有人都能了解這點？這就是那些使用「愛彌爾・庫埃法」而得到驚人效果者所深自期許的。

推廣者最想知道的事

去年四月我們造訪了在巴黎的愛彌爾・庫埃先生，以下是他的應答：

Q1（一位有神論者所問）我不認為根據庫埃先生的技巧或機械式過程——以有意識的自我暗示——讓人們順服於上帝的旨意有任何意義。

不論我們是否想要如此，一旦想像力與意志有了衝突，想像力永遠會勝過意志。我們可以有意識地運用機械式的過程，引領想像力走上理性指引的正確道路，但無意識卻經常引領我們走錯路。

一位深思熟慮的女士自言自語說：「沒錯，這是真的。有意識的自我暗示能把我們從自己創造的障礙中解放出來。這個障礙造成我們與上帝之間的阻隔，就像窗上掛了一塊布，阻擋了陽光照進屋內。」

Q2 我們該如何讓生病的親友使用良好的自我暗示，好讓他們不再痛苦？

不要堅持或對他們說教。只要簡單地提醒他們，我建議他們在使用自我暗示時，一定要有信心得到他們想要的結果。

Q3 我們該如何對自己及他人解釋，重複說：「我要睡著了……它就要消失了……」之類的話能產生力量，而且絕對會產生效果？

複誦同樣的話會迫使我們想著它，當我們想著它，它對我們而言就會是真的，同時也會轉化為事實。

Q4 如何在內心保持自我掌控的能力？

想要掌控自己，只要想著你做得到——注意，為了達到這個目的，你必須毫不費力且不斷地這麼想著。

Q5 一個人該如何保有外在的自由？

自我掌控在生理與心理方面同樣適用。

Q6（堅定地說）如果我們不做原本該做的事，就不可能免於痛苦或悲傷……，自我暗示法不能、也不該只是用來逃避痛苦。

（庫埃先生非常嚴肅且斬釘截鐵地說）當然不該如此——無論如何，逃避通常只是一時的。

Q7 為什麼那位曾經完全康復的患者，病情還會持續發作？

因為他預期會發作，也害怕會發作，所以就會導致病情再度發作。如果他堅信自己不會發作，就不會有事；如果他認定一定會發作，就真的會發作。

Q8 你的方法跟別的方法有何不同？

差別在於，我認為不是意志，而是想像力在支配我們——這就是最基本的差異。

Q9 能否簡單說明你的「方法」如何運用在R女士身上？因為這是一個非常重要的案例。

我用簡單幾句話說明我的「方法」是什麼。跟一般想法相反的是，我認為主宰行為的是我們的想像力（無意識），而不是意志。

如果行為經常與希望產生一致性，那是因為我們同時也想著：我做得到；如果沒有同時想著，就會做出跟希望相反的行為。例如：失眠的人越是決心想入睡，反而會越興奮越睡不着；你越是試圖想記起一個忘記的名字，反而會越想不出來（只要把「我馬上就會想起來」這個念頭改成「我已經忘記了」就會想起來）；越是壓抑不要笑出聲，反而會笑得越大聲；在學騎腳踏車時，如果越努力想繞過障礙，反而越容易撞上去。

我們必須讓自己引導想像力，而不是讓想像力引導我們，若能做到這樣，我們就能夠很容易地成為自己身心的主宰。

要怎麼做，才能達到這個目的呢？答案就是使用有意識的自我暗示。

有意識的自我暗示是基於下列原則：我們心裡的每個念頭，對我們來說都是真的，而且有得以實現的傾向。

所以，如果我們渴望發生某件事情，請經常複誦它終將到來，或即將消失，最後情況就會根據事情的好壞或身心狀態而實現。

每天早晚複誦的短句是全方位的：「每一天，每一天，我在各方面都會更好、更棒、更進步。」

Q10 陷入苦惱而感到悲傷的人，該怎麼辦呢？

你只要心裡不停地想著「我很悲傷」，就不可能感到快樂。為了別讓自己想著悲傷，你必須毫不費力地說：「我不再悲傷了。」我敢保證，不論是多麼強烈的悲傷，都會消失無蹤。

眾人的見證

有位男士彎著腰、拄著兩根手杖，痛苦地拖著步伐走進來，臉上充滿了沮喪。等大廳漸漸坐滿了人，庫埃先生走了進來，他問過這位男士的情況後說：

「你得了風濕三十二年，也沒辦法走路。但不必害怕，它再也不會讓你痛苦那麼久了。」幫男士做過初步試驗後，庫埃先生說：「請閉上眼睛，張開嘴巴，快速重複說出以下這些話：『它要消失了，它要消失了……』」（與此同時，庫埃先生用手撫摸患者的雙腿大約二十至二十五秒）「現在，你已經不痛了，站起來走路！」（病人站起來走路）「快一點！快一點！再快一點！既然你走得這麼好，就可以開始跑。跑啊！先生，跑！」患者跑了起來（像是恢復到他年輕的時候）。這讓他自己和在場的人都驚訝不已。（一九二〇年四月二十七日，在伯瑞隆醫師診所）

一位女性說：「我丈夫多年來為哮喘所苦，他有嚴重呼吸困難的問題，我們很擔心有致命的危險。負責治療的X醫師已經放棄他了，但經過庫埃先生治療一次以後，他幾乎已經痊癒了。」

一位年輕女性滿心感激地向庫埃先生致謝。她的醫師——瓦謝醫師——也跟她一起坐在診療室，說她罹患腦貧血已有很長一段時間，他使用一般療法都沒用，但自從她使用有意識的自我暗示後，病情竟神奇地全部消失了。

還有位腿部骨折的患者，只要一走路就痛，原來走起路來是一跛一跛的，經治療後，頓時就能正常走路，既不疼也不跛。

大廳裡許許多多症狀減輕、或是痊癒的人們，都在興奮地歡呼，為這件事做見證。

一位醫師說：「自我暗示是療癒的武器。」對於這位他曾經在書中提及的哲學家，他十分相信庫埃先生的才能。

一位曾任行政首長的紳士，應某女士之邀來發表意見。他以令人感動的口吻說：「我無法用言語來表達我的感激，這真是太令人驚嘆了。」一位見多識廣的女士，因病痛消失而興奮地說：「喔，庫埃先生，我應該向你下跪……，你是仁慈的上帝！」

另一位深受感動的女士糾正她說：「不，他是上帝的使者。」

一位年邁的女士說：「一個又老又虛弱的人，能把渾身是病的感覺，轉變成既舒爽又健康，真是太令人開心了！庫埃先生的方法絕對可以創造出這種快樂的結果，我可以證實，因為我經歷過，而且這個方法既徹底又持久，因為它仰賴的，是我們自己內在全能的力量。」

許多熱心的支持者不叫庫埃先生「大師」，而是以謙沖為懷的他所偏好的「庫埃教授」來稱呼他。

一位心悅誠服的年輕女性說：「庫埃先生穩健踏實地直指目標來幫助病人，他以高度的慷慨與見識，教導病人們如何使用奇妙力量的方法，並將解除病痛的功勞歸諸於他們自身。」

有位女士請某位作家撰寫關於庫埃「方法」優點的精髓，卻被他斷然拒絕。他強調，根據庫埃先生的「方法」，只需要使用簡單幾個字「它就要消失了」，就能消除所有病痛，他堅信這句話本身就是「精髓」！

許許多多因為這個方法而舒緩了病痛、或是得以康復的人，都無法反駁這個說法。一位曾經非常痛苦的女性說：「重讀『方法』越多次，就越發現它比受到啟發而寫出來的長篇大論更為傑出，『方法』已無任何需要增刪之處。現在我們要做的，就是把它傳播出去，我會盡可能這麼做。」

最後我必須說，雖然庫埃先生謙虛地對每個人說：

「我沒有磁流[13]，

我沒有影響力，

我沒有治癒過任何人，

我能做的，我的弟子也能做。」

13 十八世紀奧地利醫師麥斯默（Franz Anton Mesmer，一七三四至一八一五年）被認為是現代催眠療法的創始者。他主張萬物皆有磁性（animal magnetism），人體內有磁流（magnetic fluid），若磁流受阻，磁場不均衡就會生病。他治病時會接觸病人，藉由傳導自己的磁流讓病人恢復平衡。據說，他以此法治癒過很多人，但他的磁流理論未能得到證實。

我誠心地相信：在遙遠的未來，就算庫埃先生無法繼續教導大家其震聾啟聵、被認為已達較高層次的言論，他的「方法」仍將撫慰並治療成千上萬的人們。因為「方法」是不朽的，並會由此向全世界傳播出去。那位作家沒有說錯，因為他知道如何用一句話，來闡明這個簡單的事實，以及這個方法如何奇妙克服了疼痛：「它就要消失了！」這就是精髓所在！

巴黎，一九二〇年六月六日

病痛就要消失了！

Chapter 7

被療癒者的來信

難以描摹的奇蹟與感激

每當我想起你時，都充滿了感激之情。
我必須再重複一次，你的教導越來越有效，
我沒有一天不用自我暗示法，而且越來越成功。

給庫埃先生

英語二級檢定考的最後結果已經公布兩小時了，我很想盡快通知你，因為這是我最在乎的事。

我以優異的成績通過了口試，而且一點都不緊張。過去，我在考試前都會很緊張，甚至想吐。這次口試時，我對於自己能保持如此平靜而感到訝異，評審對我的印象是：我很有自信。其實，我很怕這次考試，它攸關我個人的成敗，但評審給了我第二名。我非常感激你的幫助，毫無疑問，這讓我比其他參試者擁有更多優勢。

（這個案例是一位年輕女子因神經過度緊張，因而在一九一五年沒有通過英文檢定考試。但在自我暗示的影響下，她不再感到緊張，終於成功地通過檢定，並在二百位競爭者中得到第二名。）

——V小姐，女教師，一九一六年八月

★★★

我很高興能寫信向你表達我誠摯的謝意，因為使用你的方法，我得到了很大的幫助。

在你治療之前，我連走近百公尺不喘氣都很難，現在我走上好幾公里路也不會感到疲倦。我每天可以多次輕鬆地用四十分鐘從博德-伊歐路（Rue du Bord-de-l'Eau）走到格拉西斯路（Rue des Glacis），這段路大約有四公里長，而以前氣喘的問題幾乎消失了。

——十分感謝你的保羅・史諾特，

南錫鎮史特拉斯堡路（Rue de Strasbourg）一百四十一號，一九一七年八月

★ ★ ★

我不知該如何道謝。謝謝你，我可以說已經痊癒了，但我一直等到完全康復了才向你表示感激。

我有兩處靜脈曲張潰瘍，兩腳各有一處。右腳的潰瘍有手掌那麼大，現在已經恢復了，那潰瘍就像魔法般不可思議地消失了。在這之前，我有好幾個星

期躺在床上不能動，但自從收到你的來信後，潰瘍幾乎立刻癒合，可以起床了。至於左腳的潰瘍，還沒好，但也差不多了。

我每天早晚都會複誦你教我的那些話（以後我也會這麼做），我非常相信它的效果。我還要告訴你，過去我的雙腿硬得像石頭，只要輕輕碰一下都疼得讓人受不了，現在就算我壓著它們也不會痛了。我又可以走路了，這是我最大的喜悅。

（附註：值得一提的是，這位女士從未見過庫埃先生。只因庫埃先生在四月十五日寫了封信給她，她在五月三日的來信便描述了這封信的效果。）

——利尼女士，上索恩省（Haute Saône），梅勒隆克-夏瑞（Mailleroncourt-Charette），一九一八年五月

☆ ☆ ☆

我寫這封信是為了表達感謝，謝謝你讓我免除手術的風險，可以說我的一條命是你救的。我罹患嚴重的腸阻塞已經十九天了，所有藥物和療法都沒有

效，但你的自我暗示卻把它治好了。從我遵照你的指示，使用這個良方的那一刻起，我的身體功能就自然恢復了。

——S女士，蓬塔穆松（Pont à Mousson），一九二〇年二月

★ ★ ★

我高興得不知該如何謝你，因為我已經完全康復了。我有氣喘病超過十五年，幾乎每晚都飽受窒息之苦。由於使用了你那卓越的方法，更重要的是，自從我參加你主持的一場治療聚會，氣喘便神奇地不再發作了。這真是奇蹟，因為所有治療過我的醫師都說氣喘病治不好。

——V女士，聖迪耶（Saint-Dié），一九二〇年二月

★ ★ ★

寫這封信是為了表達我由衷的感激。謝謝你讓我認識了一種新的療法，這

種奇妙的工具就像仙女的魔法棒，用最簡單的手段得到極其卓越的結果。我從一開始就對你的試驗有極度的興趣，在我使用過你的方法成功後，便開始積極地運用，如今已是這個方法的熱情支持者。

——維謝醫師，凡森（Vincennes），一九二〇年五月

☆ ☆ ☆

我罹患子宮脫垂已經有八年了。過去五個月來，我一直使用你的自我暗示法，現在已經完全復原了。我不知該如何感謝你。

——索易爾女士，馬歇杜爾廣場（Place du Marchè Toul），一九二〇年五月

☆ ☆ ☆

我毫無間斷地痛苦了十一年，每天晚上氣喘都會發作，也有失眠和全身虛弱的毛病，讓我無法工作。我在精神方面經常感到沮喪、焦躁、憂慮，並有反

應過度、小題大作的傾向。我接受過很多治療，卻都不見效果，甚至還去瑞士動手術切除鼻甲骨，但情況也不見舒緩。一九一八年十一月，由於發生了一件令人悲傷的事，讓我的病情每況愈下。

當時我丈夫在希臘科孚島（擔任軍艦上的軍官），而我們的獨生子染上了流行性感冒，六天後就過世了[14]。他是個討人喜歡的十歲孩子，是我們生命的喜悅。我感到既孤獨又悲傷，為了沒有保護並搶救我們的寶貝而自責不已，我簡直快瘋了，很想死……。我丈夫回來後（已經二月了）帶我去找一位醫師，醫師開給我幾種藥，包括要我去蒙多（Mont-Dore）泡溫泉[15]。所以，我整個八月都待在那裡，但等我一回到家，氣喘又發作了。

我絕望地意識到自己「在每一方面」都越來越糟，就在那時，我有幸遇見了你。聽了你十月的演說後，我得承認當時我並沒有任何期待，但是現在我很高興地告訴你，十一月底我便完全康復了，失眠、鬱悶、悲觀的念頭，就像被施了魔法般全部消失了。

現在我的身體很好，既強壯又充滿勇氣。隨著身體的康復，我的心理也逐漸恢復了平衡。除了無法磨滅的喪子之痛，我可以說十分快樂。

14一九一八年一月至一九二〇年十二月間爆發全球性流感，全世界約五億人受到感染，造成超過五千萬人的死亡。

15蒙多是法國中部山區小鎮，據說那裡的溫泉可治肺結核、支氣管炎、氣喘、神經過敏及風濕性癱瘓。

我為什麼沒有早點遇見你呢？我的孩子原來可以有個既開朗、又有勇氣的母親。

再三向你致謝，庫埃先生。

——萬分感激你的E・艾蒂兒，利里路（Rue de Lille），巴黎，一九二〇年四月

＊＊＊

在耗盡所有力氣，掙扎了三十年後，現在的我，可以再度奮鬥下去了。去年八月，我從你那裡得到奇妙有如天助的協助，讓我離開時得到了安慰，健康狀況也變得良好。回想我回到洛林的那幾天，由於身體的病痛加上滿心的憂傷，看到廢墟和不幸時[16]，我受到了極大的衝擊……，舒適與健康已離我遠去，讓我幾乎快承受不住。

遺憾的是，我也沒有宗教信仰，但當時我多麼渴望有人能提供幫助。我很高興那次偶然在表姊家遇見你，而你提供的協助正是我所需要的。現在，我可以重新振作起來了。

16 亞爾薩斯-洛林（Alsace-Lorraine）位於法國東北跟德國的交界。歷史上曾多次被德、法爭奪。一次大戰時，雙方皆曾佔領又失去該區，可說當地飽受戰火的摧殘甚鉅。

我告訴自己的無意識自我要重建生理平衡，並且毫無疑問地會恢復健康。現在，我的情況已有明顯的進步。之前我有糖尿病和腎臟併發症，青光眼也發作過好幾次，但現在雙眼已逐漸恢復原有的柔軟度，視力幾乎已恢復正常，整體健康狀況也有了很大改善。告訴你這些，你才能理解我有多麼感謝你。

——T小姐，女子學院教授，一九二〇年一月

＊＊＊

我成功地宣讀了我的論文，並獲得最高分及評審團的祝賀。這些「榮耀」有一大部分必須歸功於你，我絕不會忘記這點的。遺憾的是，你沒在現場聽到評審團對你大名的熱情與激賞。你大可相信，本校已為你的學說敞開了大門。不用感謝我，因為我欠你的，比你欠我的要多太多了。

——查爾斯・貝多因，J・J・盧索學院（The Institut. J.-J. Rousseau）教授，日內瓦

＊＊＊

我很佩服你的勇氣，我確信能指引許多朋友使用這種既有效、又明智的方法。我必須承認你的指導對我有很大幫助，我的患者也因此而獲益不少。我們嘗試在療養院全面使用你的方法，並已得到明顯可見的效果。

——貝若龍醫師，巴黎，一九二〇年三月

☆☆☆

我已收到你的來信及你有趣的講義。我很高興你在異性戀與自我暗示之間建立起合理的關聯，我也特別注意到你說意志絕不可干預自我暗示的那段話。很遺憾的是，很多自我暗示的指導者和使用者並不了解這一點，其中還包括了許多醫療人員。然而，我也認為必須嚴格分辨自我暗示和訓練意志的差異。

——凡・維爾森醫師，布魯塞爾，一九二〇年三月你以為我怎麼了？忘了你嗎？噢，不，我保證，每當我想起你時，都充滿了感激之情。

我必須再重複一次，你的教導越來越有效，我沒有一天不用自我暗示法，而且越來越成功。

我每天都在為你祝福，因為你的方法真的很有效。多虧了它，讓我徹底了解你的指導，我的自我掌控能力也越來越好，我覺得自己更強壯了……。

我有把握，你很難在我這樣精力充沛的六十六歲老婦人身上，找到過去那個長年病奄奄的可憐蟲。感謝你與你的指導，讓我的身體好轉。願上帝祝福你，這世界上最美好的事就是善待身邊的人。你做得多，我做得少，為此，我感謝上帝。

——M女士，沙頌聖布里厄（Cesson-Saint-Brieuc）

自從照你的方法使用自我暗示以來，我感覺越來越好了。在此向你致上最真誠的謝意。我肺部的問題已經消失，心臟也變好了，尿液裡已沒有白蛋白。總之，我的身體很好。

——雷馬垂女士，瑞其蒙（Richemont），一九二〇年六月

☆☆☆

我們對你的小冊子和演說很感興趣。為了全體人類的福祉，它應該以多種語言出版，才能傳遞到各個種族與國家，讓更多不幸的人們能夠看到。

許多人因為用錯了我們稱之為想像力的這種萬能（且神聖）能力而受苦，但你明確地主張、並審慎地證明了——它是人類最重要的能力。我讀過許多關於意志的書，也見識過許多處方、見解及老生常談。你的說法很有說服力，我不認為過去出現過的任何「自信藥丸」——我如此稱呼你的治療短句——能以如此明智的方式濃縮成經典處方。

——安力可・C先生，馬德里

你那本《自我掌控》（本書的第一章和第三章）的小冊子裡，包含了有力的論據與吸引人的案例。

我認為，使用想像代替意志的力量，是一種很大的進步。這麼做更溫和，也更有說服力。

——A・F，勒米爾蒙（Reimiremont）

我懷著喜悅的心情來告訴你，我的胃十分良好，子宮炎也好轉了許多。我兒子大腿上有個像雞蛋大的淋巴結腫，也正在逐漸消退中。

——E・L，聖克來蒙（M-et-M）

我的左腿因為局部感染結核菌，動過三次手術，一九二〇年九月又復發了。好幾位醫師都說必須再動手術，把左腿從膝蓋至腳踝處切開，但如果手術失敗，就必須截肢。

因為聽說你的神奇療法，我在一九二〇年十一月六日第一次到你的診所。經過第一次治療，立刻就感覺好多了。之後我完全遵照你的指示回診了三次。到了第三次，我就告訴你，我已經痊癒了。

——L女士，亨里（Henry）（洛林）

我迫不及待地想衷心感謝你，因為你的關係，我才能夠如此健康。自我暗示毫無疑問地改變了我，現在，我的情況比過去這些年來都要好得太多，各種疾病症狀正逐漸消失，精神方面的問題也越來越少，身體各種功能均運作正常。過去幾年來，我變得越來越瘦弱，但是，我已經在這幾個月內胖了幾公斤。

我只能由衷地感謝你的方法。

——L，坎城（Cannes）

★★★

從一九一七年開始，我女兒的癲癇便經常發作。幾位醫師都說，等到她十四或十五歲時或許就不會發作了，但也有可能變得更嚴重。我聽到別人提起你後，便從去年十二月底到今年五月把女兒送去你那裡就醫。現在她已經完全康復，六個月以來，都沒再發作過。

——裴林（查爾斯），埃塞萊斯（Essey-les），南錫

★★★

我罹患子宮下垂已經有八年，自從練習了你的自我暗示五個月後，已經完全康復了。

我不知道該如何表達我深切的感激。

——蘇莉女士，馬歇廣場（Place du Marchè）六號，杜爾（Toul）

☆☆☆

從一九一七年起，我便飽受青光眼之苦。我詢問過兩位眼科醫師，他們說只有動手術才能解決我的痛苦。不幸的是，沒有人能保證手術一定會成功。

我在一九二〇年六月參加你的治療聚會後，就覺得好多了。到了九月，我就不再使用毛果芸香鹼（pilocarpine）眼藥水，原本是每天非用不可的。從此以後，我的眼睛不再疼痛，瞳孔不再擴大，眼睛完全恢復正常，這真是奇蹟！

——M女士，蘇洛賽（à Soulosse）

☆☆☆

（一位醫學論文作者獻給庫埃先生的話）

獻給庫埃先生。他知道如何仔細分析人類的靈魂，並從中探究基於有意識自我暗示的心理學方法。

這位大師足以接受每個人的感謝；他巧妙且成功地指導那變化無常的力量（想像），並將它與意志做了有效的聯結。

他教導人們透過對自己更有信心，而把精神力量增強十倍的方法。

——P・R醫師，法蘭克福

★★★

你多次讓我旁觀你工作的善意所帶給我的深遠影響，讓我難以用言語來描述。我日復一日看著你工作，卻讓我印象益發深刻。正如你所說的，你闡述的理論與原則的效果，及其未來可以使用的範圍，幾乎是沒有限制的。它改變了當今盛行的觀念，不只適用於孩童的生活，也適用於懲罰罪犯及政府施政。事實上，它適用於日常生活中所有的關係……。

——約瑟芬・M・理查遜小姐

期待。我來的時候期望非常高。由於你的熱心協助，我所看到的，都遠超過我的期待。

——蒙太格．S．摩尼-威廉斯醫師，倫敦

給庫埃先生的門徒及里昂女士

我想真誠地寫信致謝已有好一段時間了。謝謝你讓我學會了如何使用自我暗示；感謝你給我這麼好的建議，我的恐慌症已經完全消失了。我有把握自己已經痊癒。此外，我覺得被一種來自高層的力量所包圍，那是一種穩定指引的力量，幫助我輕鬆克服了生活中的難題。

——F女士，布格維爾路（Rue de Bougainville）四號，巴黎

☆☆☆

你教我使用的自我暗示法，其效果讓我大感訝異，我由衷地感激你。

我的右肩罹患風濕關節炎已經八年了，慢性支氣管炎則更久，但過去一年來已經完全康復。我問過很多醫師，他們都說我無藥可醫。真的感謝你為我治療，我的身體已經完全恢復，我也堅信自己擁有維持健康的能力。

——L．T女士，拉斯路（Rue de Laos）四號，巴黎

★★★

我想告訴你，庫埃先生不可思議的方法對我的病痛產生了多麼驚人的效果。我也要向你表達最深的謝意，因為你幫助我這麼多。過去，我一直有貧血的問題，健康狀況也不太好，自從我丈夫過世後，情況更加惡化。我有腎臟病，沒辦法站直，經常因為緊張與厭惡而苦惱。現在，那些毛病全都沒了，我像是變了一個人。

我已經沒有任何病痛，而且更有耐力，也更有精神。我的朋友都快認不出我了，我覺得自己像個全新的女人。

我打算廣為介紹這種奇妙的方法，它是這麼清楚，這麼簡單，又這麼有效。我要持續使用它來照顧自己的健康。

——M・L・D，巴黎，一九二〇年六月

⁂

單憑言語很難表達我對你提供良方的感激，因為你帶給了我莫大的幸福！感謝上帝，帶領我認識了你，讓你改變了我的生命。

以前我每次月經來時，都會痛得躺在床上。現在一切恢復正常，再也不會疼痛了。我的消化問題也解決了，不再像以前只能喝牛奶度日。我不再有任何病痛，真是快樂極了。我丈夫很訝異地發現，我旅行時已不再頭痛，因為以前我總得靠吃藥才能支撐過去。感謝你，現在我已經不需要吃藥了。我不會忘記每天早晚複誦二十遍你教我的話：「每一天，每一天，我在各方面都會更好、更棒、更進步。」

——B・P，巴黎，一九二〇年十月

當我重新研究這個方法時，發現它比受到啟迪而發展出來的方法都要來得高明。它勝過所謂的科學系統，那些方法是根據不確定的科學所做出來的不確定結果，自以為是又自欺欺人；同時，觀察方法也不尊重其他意見，顯得很不可靠。反之，庫埃先生的方法直指核心，能解決各種問題。

他為人既慷慨大方又有學問，總是將患者使用奇妙力量而痊癒的結果歸功於患者本身。真的，這個方法已經完美到無法修正了。你說的對，它是**一種福音**。我們應該忠實地記錄他的言行，並散布他的方法，這是必須做的事情，我也將盡我可能地這麼做。

——P・C

我使用你教我的這絕佳的有意識自我暗示法，每天產生的效果令我大為驚訝。過去我的身心都有毛病，但現在的我很好，總是很開心。也就是說，我的憂鬱症已經被快樂的情緒所取代，我對於這樣的改變當然欣然接受。我向你保證，這更合我的意。

過去的我多麼悲慘啊！以前我不能消化任何食物，現在我的消化功能很好，腸道也運作正常。過去的我也經常睡不好，現在則時常睡過頭。以前我無法工作，現在則是努力工作。除了偶爾有點風濕痛，其他所有的病痛都消失了。我相信，只要繼續使用這個方法，風濕痛就會像其他病痛那樣消失無蹤。我不知道該如何用言語恰如其分地來表達對你深切的感激。

——法利女士，馬勒塞布大道（Boulevard Malesherbes），巴黎

給卡夫曼特小姐[17]

自從使用了你教我的自我暗示法，我覺得身體狀況越來越好。對你，我要獻上最誠摯的感謝。

現在，我的康復全靠它了，我絕對有資格說說這個方法重要且無法否認的

17庫埃先生的弟子。

益處。我因為肺部損傷造成吐血，沒有食欲、每天嘔吐、日益削瘦，還有嚴重便祕。但自從使用自我暗示法後，吐血立即減少了，而且很快就能止住；我也不再嘔吐及便祕。我恢復了食欲，兩個月體重就增加了十二磅。除了我的雙親及朋友外，包括照顧我幾個月的醫師，都觀察到了這個效果。不可否認的，自我暗示的效果很好，讓我不得不公開承認：是你的方法救了我一命！如果這對別人有幫助的話，你可以公布我的名字作為見證。

——深深感激你的尚吉利，波利隆街（Av. Borriglione）十五號，尼斯（Nice），一九一八年三月

＊＊＊

我認為自己有義務告訴你，我有多麼感激你，因為你讓我了解到自我暗示的好處。多虧了你，讓我發作頻繁、痛苦不已的心臟驟停毛病不再發作。我沒有食欲已經好幾個月了，但現在已經恢復正常。

此外，身為醫院護士，為了我一位病人奇蹟般的復原，我必須由衷地表達

對你的感謝。這位病人罹患嚴重的結核病，經常大量吐血。上天派遣你來時，正是家屬和我對他的病情感到最憂慮的時刻。你來過一次後，他就不再吐血，食欲也恢復了。自從你來到病榻前看過他幾次，他全身的器官便逐漸恢復了正常功能。終於有一天，我們又驚又喜地看到他去參加你的私人聚會。他在那裡向眾人說明，因為你的善心治療，讓他痊癒了。

——衷心感謝你的A．凱特納，波利隆街二十六號，尼斯，一九一八年三月

☆ ☆ ☆

很抱歉，我一拖再拖，沒有寫信表達你治癒我的小希維恩的謝意。

過去的我幾乎處於絕望之中，幾位醫師告訴我，除了安排他住進靠近頓克爾克（Dunkirk）的亞卡宏（Arcachon）或祖庫特（Juicoot）的療養院[18]外，已經沒有其他法子了。我正打算這麼做時，克蕾拉女士建議我去找你。我猶豫了一陣子，因為我有點懷疑。不過，現在我對你的方法已深信不疑。因為希維恩已經完全復原，他的胃口很好，膿瘡和腺體腫脹也完全痊癒。更令人驚訝的

18這兩個地方在十九世紀末各開辦專門收容兒童（大多感染患肺結核、佝僂或其他慢性病）的療養院（Le Sanatorium Armaingaud d' Arcachon和Le Sanatorium de Zuydcoote）。前者在法國西南部的海邊，後者在法國北端海邊。

是，從我們第一次去見你開始，他就不再咳嗽了，一次也沒有。結果，他從六月至今，體重已經增加了三公斤。我無法表達自己有多麼感激你，同時我也四處宣揚我們得到的好處。

——波爾頌女士，利維丹（Liverdun），一九二〇年八月

★★★

我該如何證明我對你的感激之情？你救了我一命。我因為心臟移位的問題，持續引起嚴重的窒息。事實上，這個毛病嚴重到讓我日夜無法休息，即使每天注射嗎啡也沒用。我只要吃任何東西，就會立刻吐出來。而且我有強烈的頭痛，而這樣的腫痛讓我失去了視力。甚且，我可說是處於可悲的狀態，全身器官都很不舒服，我的肝臟有潰瘍，醫師試過各種療法——放血、拔罐、在皮膚上切口、敷藥、冰敷，及其他可能的療法——都沒有改善。最後，醫師已經無技可施了，在他的建議下，我才轉而向仁慈的你求助。

然而，自從經過第一次治療後，我窒息發作的次數就減少了，而且也沒有

那麼強烈，過沒多久，就完全消失了。過去因痛苦而輾轉難眠的夜晚，也變得平靜許多，我可以一覺睡到天亮，肝臟的問題也完全消失了。我可以再度進食，也消化得很不錯，終於體驗到幾個月來已經消失的飢餓感。而且，我的頭痛也沒了，過去曾造成我很大困擾的眼睛問題也都痊癒了，現在我還可以做一點手工呢！

每次經過你治療，我便感覺全身器官逐漸恢復正常功能。這不是我個人的感覺，每週來替我看診的醫師也有同樣的發現，在我躺在床上十一個月後，終於完全康復了。我可以舒舒服服地起床，沒有頭昏眼花，兩週後更可以外出了。能夠痊癒，真的要感謝你。我的醫師說，就算我不吃任何藥也能康復。

在被兩位不抱任何期待的醫師放棄後，我還是痊癒了，而且是真的完完全全的康復。現在我可以吃肉，每天要吃很多麵包。我該怎麼感謝你呢？我必須再重複一次，我之所以能夠活下來，多虧了你教我的暗示法。

——讓・格羅斯揚，南錫，一九二〇年十一月

＊＊＊

自我暗示的科學——至少我認為它是一種科學——對我個人來說很有幫助。迫使我特別持續關注這個方法的事實，是因為我發現，它是實踐真正慈善的手段。

我第一次出席庫埃先生的演講是在一九一五年。我承認，原先我是抱持著懷疑態度的，但面對數以百計的真實案例出現在眼前，讓我不得不向證據低頭，並了解到自我暗示確實能對各種器官病變產生作用，只是治療的效果有所不同。我只見過一些（少數）失敗的案例，但都與神經方面的問題有關，如神經衰弱或幻想性疼痛。

我不需要再次告訴你，庫埃先生跟你一樣堅持，只是他更強調一個觀念：「他從來沒有製造過奇蹟或治癒了誰，他只是教導人們如何治療自己。」我承認，關於這點我仍然有些懷疑，因為就算庫埃先生沒有親自治療患者，但他確實是造成患者康復背後那強而有力的推手。他帶給患者信心，讓他們不致絕望，讓他們振奮精神，帶領他們到達大多數陷溺在唯物主義的人們無法企及的精神高度。

隨著我研究自我暗示越深入，就越能了解耶穌宣揚愛與信心的神聖律法：

「愛你的鄰人。」付出一點點愛心和道德力量，如果有人跌倒了，就扶他站起來；如果有人生病了，就想辦法治療他。就我一個基督徒的觀點來看，我認為使用有益身心的自我暗示這種科學，可以幫助我們了解作為上帝的兒女，我們本身都擁有自己未曾察覺的力量，只要經由適當的指引，就能提升我們的道德狀態，治療我們的生理病痛。

那些不了解你這套科學理論、或是了解得不夠透徹的人，不該在沒有看過它的效果和優點前驟下判斷。請相信我，我是你最忠實的仰慕者。

——M・L・D，南錫，一九二〇年十一月

這世界上最美好的事就是善待身邊的人。

Chapter 8

內在奇蹟

身心都能夠被治癒

M・伯納特-普羅文斯

你的內在擁有無窮的力量。
如果你知道如何駕馭它，就可以產生效果。

本篇轉載自一九二〇年十二月十八日出版的《文藝復興時期的政治、文學與藝術》（*La Renaissance politique, littéraire et artistique*）半月刊。

我在一九二〇年九月第一次翻閱日內瓦J・J・盧索學院（The Institute J. J. Rousseau）的查爾斯・貝多因教授所寫的書。這部作品是巴黎Delachaux & Niestlé公司出版的《暗示與自我暗示》（*Suggestion et Autosuggestion*），作者把他自己寫的這本書「以深切的感激之情，獻給愛彌爾・庫埃，先驅者與行善者」。我讀了以後便難以釋卷，直到把全書讀完。

向愛彌爾・庫埃致敬

事實上，這本書簡單說明了一個卓越的人道主義工作內容。

■它的理論乍看之下可能很幼稚，因為每個人都做得到，但如果人人都能身體力行的話，就能從這個方法中得到極大的益處。

經過二十多年的辛勤工作，目前愛彌爾・庫埃住在南錫，近年來，他的工作是延續暗示理論之父——昂布魯瓦茲-奧古斯特・李厄保（Ambroise-Auguste Liébeault）的研究與實驗。我認為，他全心投入這個議題的目的，只是為了幫助他的同胞學會如何使用自我暗示。

庫埃的研究在本世紀初已獲得成果，他發現了自我暗示全面且驚人的力量。在經過無數次試驗與治療過數以千計的患者後，他證明了無意識對器官病變的效果。

這位謙遜博學的人證明的這套嶄新且影響深遠的方法，其最大成就在於發現了，如何對付一般以為無法治療或極度痛苦而無法解除的疾病的方法。

在此，我無法說明複雜的科學細節，只能談談這位南錫的學者如何進行他的方法。

庫埃一生研究及持續觀察患者的精髓，可以簡單總結為一句話，那就是

「早晚複誦」。

請以低沉的聲音進行，閉上眼睛，採取可以讓肌肉放鬆的姿勢。你可以躺在床上，或是坐在安樂椅上，用像在複誦祈禱文的音調進行。

■這個神奇的咒語是──「每一天，每一天，我在各方面都會更好、更棒、更進步。」

這句話必須重複二十次。請你用一條綁了二十個結的繩子來計算，就像念珠一樣。這些小工具很重要，它能幫助確認機械式的複誦已唸了幾次，而這點十分重要。

在你清楚複誦這句話時，無意識也會把它記下來。這時，千萬不可以想著其他事，既不能想著你的病，也不能想著你的苦惱。你必須保持在被動順從的狀態，只能心存一切都會更好的盼望。那句話裡的「在各方面」，具有全面性的療效。

■**你不可以有太強烈的期待，也不要使用意志，而是要溫順柔和，但具備全然的信心。**

愛彌爾．庫埃認為，在進行自我暗示時，絕對不要使用意志，而是要將它排除在外。只可以讓想像力發揮作用。想像力的影響比意志大得多，可是人們經常求助於後者，而其實我們只能使用想像力。

「要對自己有信心，」這位優秀的輔導員說，「你要堅定地相信一切都會變好。」真的，那些有信心又能堅持的人，確實一切都變好了。

事實勝於雄辯。我告訴你，在我還沒見到庫埃先生以前，我身上發生了什麼事。

這必須回到九月，當我翻開查爾斯•貝多因的書那個時候。作者詳盡說明主題後，列舉了許多治癒的案例，包括腸炎、濕疹、口吃、瘖啞、鼻竇感染（二十年前開始染病，動過十一次手術）、子宮炎、輸卵管炎、纖維性腫瘤、靜脈曲張……等，以及最後也最重要的，深度結核性潰瘍與肺結核末期案例（特魯瓦的D女士，三十歲，她痊癒之後生了孩子，經過追蹤，這個案例從未復發）……，這些案例全都得到照顧患者的醫師證實。

這些例子讓我印象十分深刻，這簡直是奇蹟！這些案例不是神經問題，而是醫藥無法治癒的疾病，就連肺結核都能治癒，這對我來說，是前所未見的重大啟示。

無藥可醫的急性神經炎消失了

我自己臉部有急性神經炎已經兩年了，感覺非常疼痛。有四位醫師（其中兩位是專科醫師）的結論是：「無藥可醫！」光是這句話，就對我心理產生了重大的影響，因為對我來說，「無藥可醫」這四個字是最糟糕的自我暗示，我為此而憂慮不已。

在熟悉了「每一天，每一天，我在各方面……」這個口訣後，我滿懷著信心，雖然這信心來得有點突然，但仍具有巨大力量。我拿下圍巾和領巾，不戴帽子，走進颳風下雨的花園，輕聲複誦：「我將會被治好，不再有神經炎，它正在消失，它不會復發……」第二天，我就痊癒了，而且再也沒有復發。自從得了這種令人憎惡的病以來，只要是颳風或下雨的日子，我就沒辦法出門。現在的我，內心充滿喜悅。

心存懷疑的人可能會說：「那都是心理作用。」當然，我同意有這個可能性，但我為沒有復發而感到快樂之際，也試著將庫埃先生的方法用在左腳踝的水腫上，這是一種腎臟病造成的病症，被認為無法醫治。過了兩天，水腫消失了。我又用這個方法來對治疲勞和神經衰弱等症狀，也有驚人的進步，這讓我心裡只有一個念頭：要去南錫感謝我的恩人。

奔赴南錫朝聖庫埃先生

我去了南錫，見到這位了不起的人士，被他的善良和單純所吸引，並與他結為好友。

如果可以，絕對要去現場看看他是怎麼做的！

後來，他邀請我參加一場頗受好評的「治療聚會」。我聽到許多人，包括得到肺病、器官移位、哮喘、波特氏病（Pott's disease）[19]、癱瘓……全都是患有致命疾病的人，均對他讚賞不已。

我親眼看到一位原來全身扭曲、坐在椅子上的中風患者，最後可以站起來走路。

庫埃先生鼓勵每個人要有自信，一種巨大而無窮的信心。他說：「學著治療自己，你可以做得到。我從來沒有治好過任何人，是你自己內在的力量治療

19一種結核菌轉移至脊椎關節的結核病。英國外科醫師派西瓦・波特（Percivall Pott，一七一四至一七八八年）率先提出，正式名稱是結核性脊椎炎（tuberculous spondylitis）。

了你自己。運用你的心靈力量，讓它做對你身體與心理有益的事。它能夠治癒你，讓你變得既強壯又快樂。」

庫埃先生說完之後，走向那位中風患者說：「你聽到我的話了，你相不相信你可以走路？」

「我相信。」

「很好，現在，站起來！」

那女人便站起來走路，並且是繞著花園走，奇蹟就這樣發生了。

有位羅患波特氏病的女孩在就診三次後，她的脊柱就變直了。她向我描述自己原來早已不抱希望，沒想到竟然能夠得到康復的那種快樂。

有三位治好肺病的女性表達了她們重返職場、過著正常生活的喜悅。庫埃在這群他所關愛的人群中，顯得有點疏離。這個人不重視錢財，他所做的這些服務全部免費，他卓越無私的心不允許他收費。

「我欠你太多恩情了，」我對他說，「感謝你為我做的一切。」

「不對，你能持續保持健康，就是對我最好的回報。」

這位心思單純的博愛主義者，讓你忍不住深有同感。我們挽著臂在他的菜園散步，他每天都會早起照顧這座菜園。他吃素，看著這些植物，他露出滿意的神情，接著開始嚴肅地說：「你的內在擁有無窮的力量。如果你知道如何駕馭它，就可以產生效果。你的想像力就像是沒有轡頭的馬，如果將這樣的馬套上馬車，很可能就會做出許多蠢事，甚至要了你的命。但只要套上適當的馬具，以穩定的雙手帶領它，它就會跟著你的意願而行。這就是你的心智，你的想像，它們必須被指引來為你所用。用嘴說出來的自我暗示，就是無意識接收到的指令，無意識會在自己察覺不到的情況下執行這個指令，尤其是在晚上。所以，晚間的暗示是最重要的，它會產生最奇妙的效果。」

「當你感到身體疼痛時，請多說一句：『它會消失……』迅速地以單調低沉的聲音重複地說。然後把手放在疼痛的部位，如果是心理方面的問題，就放在前額。這個方法對於心智非常有效。只要你能喚醒心靈的力量來幫助身體，就能在生活中遭遇各種困境時再次使用它。」

我已經從經驗中得知，許多狀況都能透過這個過程產生出奇妙的改變。

現在，你已經大致知道這個方法了。

如果你想進一步了解，可以透過貝多因先生的書，再讀讀他寫的小冊子：

《精神力量的文化》（*Culture de la force morale*）。最後，你可以讀庫埃先生簡要的論文——《自我掌控》。

如果我激發了你想去南錫朝聖的念頭，你將會得到與我同樣的體驗。你會愛上這位獨一無二的人，而他的獨特，來自於他高尚的慈悲心與對同胞無私的愛——就像基督教導我們的一樣。

■ **你也會像我一樣，身心都能夠被治癒。你的人生將因此而變得更美好，的確值得一試！**

一切都會變好。

Chapter 9

庫埃先生的思想與格言

相信你可以成為自己的主人

愛彌爾・里昂女士

自我暗示是一種工具，你必須學習如何使用它，
正如你必須學會如何使用其他的工具一樣。

你想成為什麼樣的人？

不要浪費時間猜測自己得了什麼病，就算沒有生病，你也會自行創造出一堆病來。

我們所有的思想，不論好壞，只要變得明確而具體，就會成為現實。我們的樣貌是自己所造就，而不是環境造成的。

任何人如果以「我會成功」作為人生的起始，通常都會很成功，因為他能將理想付諸行動。如果他只有一次機會，而這個機會的頭上只有一根頭髮，他也會懂得抓住那根頭髮。此外，他經常會有意無意地營造出有利的情境。

反之，缺乏信心的人做任何事都不會成功。他可能發現自己被多如阿貝沙隆頭髮般的機會給包圍，只要伸手就可以抓到，但他卻視而不見，連一個機會也抓不住。如果他營造了什麼情境，通常都是不利的情境。因此，不要抱怨命運不好，你只能怪自己。

＊＊＊

確信你可以得到自己想要的。只要它夠合理，你就會得到。

＊＊＊

千萬不要談論自己不懂的事，這只會讓你顯得可笑罷了。你認為不可思議的事，必然有其生成的原因。如果它看起來不尋常，是因為你不了解原因，一旦了解了以後，你就會覺得沒有比它更理所當然的了。

只要相信你可以成為自己的主人，你就會成為自己的主人。就算雙手顫抖、腳步蹣跚，你只需要告訴自己這些症狀都會消失，就會逐漸消失。是你必須要有信心，而不是我，因為只有你擁有療癒自己的力量，我的工作只是教你如何使用那個力量。

只要相信自己是思想的主人，你就會成為這樣的人。

別讓意志阻礙了你

對我們來說，事物的重要性不在於它是什麼，而在於它看起來像什麼。這也解釋了為什麼人們說了實話，卻往往導致相反的後果。

當意志與想像力產生衝突時，永遠是想像力得勝，這種情形經常發生。我們不但不會依照所想的去做，而且做的往往會跟所想的相反。舉例來說，我們越試圖睡著、越要記起某人名字、越想止住不笑、越想繞過路中央的障礙，**心裡反而會想著自己做不到**，於是就會變得越興奮、越想不起某人名字、越控制不住笑聲、越會撞上路中間的障礙。

* * *

人類最重要的能力在於想像，而不是意志。所以，建議人們訓練自己的意志是嚴重的錯誤，人們應該開始鍛鍊自己的想像力。

* * *

一般人總是鼓吹人們要努力，這種觀念應該要被駁斥。

努力意謂著意志，而意志可能產生與其對抗的想像，帶來與期待截然相反的後果。

鍛鍊你的想像力

當你使用有意識的自我暗示時，請自然、簡單、有自信地進行，最重要的是，**要毫不費力地進行**。如果無意識和不良的自我暗示經常應驗，是因為它們毫不費力就能達到目的。

如果可以的話，請永遠把必須做的事想得很容易。在這種心理狀態下，不會多花不必要的力氣；如果你覺得事情很難，就會耗費比真正需要還多上十或二十倍的力氣去做。換句話說，你只會白費力氣。

自我暗示是一種工具，你必須學習如何使用它，正如你必須學會如何使用其他的工具一樣。一個沒有經驗的人，就算手裡握著一把好槍，也射不出好的成績；同樣的一個人，只要射擊技術越發精進，就越容易射中靶心。

只要在合理的範圍內，使用信心、信念、有毅力的有意識自我暗示，就一定會成功。

有些人使用自我暗示卻得不到滿意的成果，這若不是他缺乏信心，就是他太努力嘗試了，後者的情況尤其常見。良好的暗示絕對要毫不費力地進行——努力嘗試意謂著必須使用意志，但我們必須拋開意志，完全依賴想像力。

提供暗示及被暗示的人都必須具備信心，具有這樣的信心及信念，才能讓他們在其他方法都無法奏效時獲致成功。

發揮作用的是方法，而不是人。

很多一輩子注重健康卻不見成效的人，以為透過自我暗示就可以立即恢復健康。這是個誤會，因為**立即恢復健康這個想法並不合理**。我們不能期待暗示產生比身體正常運作更強大的效果，也就是說，暗示的運作是循序漸進的，它能逐步轉化而產生（如果可能的話）徹底的痊癒。

所有治療師使用的方法，其實都與自我暗示有關。也就是說，不論使用哪種方法，話語、符咒、手勢或情境扮演，都是為了使患者產生療癒的自我暗示。

每一種疾病都有兩面性，除非它只是單純的精神疾病。事實上，每種生理疾病都附帶了某種精神疾病，如果我們設定生理疾病的係數是一，那麼精神疾病的係數可能是一、二、一〇、二〇、五〇、一〇〇，甚至更高。在許多個案裡，如果精神疾病的係數很高（如一〇〇），而生理病痛的係數是一，則往往只有後者（也就是全部疾病的一百零一分之一）會留著，精神疾病則瞬間消失。人們常稱這種情況為奇蹟，其實一點也不神奇。

★★★

跟一般人看法相反的是，通常生理疾病比精神疾病容易治療。

布豐（Comte de Buffon）[21]曾說：「風格即其人。」我們可以把它代換成：「人即其所思所想。」

21十八世紀法國博物學家，曾撰寫《論風格》，「風格即其人」是他的經典名句。

人對失敗的恐懼必定會導致失敗，如同成功的信念會導致成功，讓人能夠克服遇到的困難。

……與一般看法相反的是，暗示（或自我暗示）能治療器質性病變。過去人們認為催眠只能治療神經性疾病，事實上，它可應用的範圍要大得多。催眠確實是透過神經系統的中介來發揮作用，但神經系統可以控制整個身體。肌肉受神經指揮而產生動作；神經可以直接調節心臟血液循環，也可以控制血管的擴張與收縮。神經可以控制所有器官，因此，經由神經的中介，所有不健康的器官都會受到影響。

——保羅・約爾（Paul Joire）博士，
大眾心理研究會（Société universelle d'Études psychiques）主席

……精神對於療癒具有極大影響，它是最主要的治療因素，千萬不能忽略。正如心靈才是主導人類各領域活動的主要力量。

——路易・雷農（Louis Renon）博士，
巴黎醫學院講座教授、內克醫院（Necker Hospital）醫師

★★★

……永遠不要忘記自我暗示的主要原則：無論如何，永遠要保持樂觀，即使情勢看來未必如此。

——何內・德・杜包亞（René de Drabois）

★★★

有信心的暗示具有強大的力量。

——A・L博士，巴黎（一九二〇年七月）

若想具備並激勵他人產生恆常的信心，就必須隨時保持誠意。若想擁有這樣的信心與誠意，必須渴望實現他人的幸福更甚於自己的幸福。

——引自《道德力量的培養》（*Culture de la Force Morale*），C·貝多因（C. Baudouin）著

★★★

人即其所思所想

❶

—終章—

重複練習有意識的自我暗示

每天早上起床前，以及每天晚上上床準備睡覺時，請閉上眼睛，張嘴（這點很重要）說出來，一面用一條打著二十個結的繩子計算，然後重複說出下列句子二十次：「每一天，每一天，我在各方面都會更好、更棒、更進步。」你不用特別想是哪件事，因為「在各方面」已經含蓋了一切。

請秉持著信心、信仰及確定自己想要什麼來進行自我暗示。越有信心，就越快能夠達到想要的結果。

此外，每次早晚進行自我暗示時，只要身體或心理有任何不適，請很快地告訴自己，這不是你有意識造成的，而且你將讓這些不適的感覺消失；盡可能讓自己獨處，閉上眼睛，如果是心理不適，請把手放在額頭；如果是生理不適，請把手放在疼痛的部位，然後張嘴快速重複說道：「它就要消失了，它就要消失了……」需要的話，說得越久越好。只要一點點練習，生理或心理問題會在二十至二十五秒內消失。有需要的話，請從頭再做一次。

使用自我暗示時，不要小心翼翼、費力地進行。

New Life

New Life